KB195418

쑥쑥팡팡 영재만들기

Step 3. 파워포인트 2021 & 한글 2022

Step 3. 파워포인트 2021 & 한글 2022

초판 1쇄 발행일   2025년 1월 15일

지 은 이   이미경

발 행 인   유정환

제작총괄   신효순

기획편집   오은라이프사이언스 R&D 팀

마 케 팅   신효순

발 행 처   오은라이프사이언스(주)

등   록   2021년 9월 23일(제 2022-000340호)

주   소   서울특별시 강남구 선릉로 660, 207호(삼성동, 브라운스톤레전드)

전   화   (070)4354-0203

저작권자   ©오은라이프사이언스(주)

ISBN   979-11-92255-42-2 13000

참 잘 했어요.~~

1   3   4   5   6

7   8   9   11   12

14   15   16   17

19   20   22   23   24

25   26   27   28   30

타자 연습표

단계		나는야 타자왕							
1단계	자리연습								
	낱말연습								
2단계	자리연습								
	낱말연습								
3단계	자리연습								
	낱말연습								
4단계	자리연습								
	낱말연습								
5단계	자리연습								
	낱말연습								
6단계	자리연습								
	낱말연습								
7단계	자리연습								
	낱말연습								
8단계	자리연습								
	낱말연습								
짧은글 연습									

목차 Contents

1 칭찬 스티커 만들기

파워포인트에서 도형 삽입 기능과 온라인 그림을 사용해서 재미있는 칭찬 스티커를 만들어 볼까요.

 작품 완성

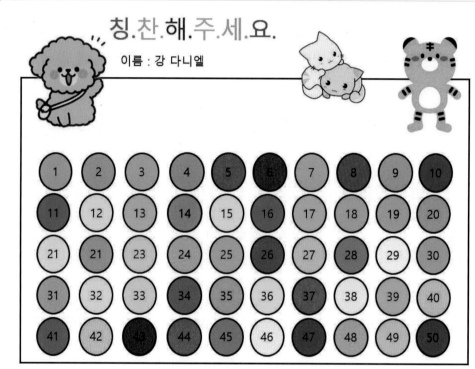

준비 파일 : 1_준비.pptx
완성 파일 : 1_완성.pptx

 **문장 연습** **다음 문장을 소리 내어 읽어본 후 입력해 보세요.**

칭찬 나무는 신기한 나무예요. 이 나무는 친구들에게 칭찬을 나눠줘요.

칭찬을 받은 친구는 기분이 좋아져요.

칭찬 나무는 모두가 행복하게 지낼 수 있도록 도와줘요.

나도 칭찬을 잘할 수 있어요. 칭찬은 좋은 일이에요.

칭찬 나무처럼 나도 다른 사람을 칭찬할 거예요. 칭찬을 하면 세상이 더 밝아져요.

친구들을 칭찬하고, 모두 함께 행복하게 지내요. 칭찬은 아주 중요한 선물이에요.

01 도형 삽입하기

1 [시작(⊞)]을 클릭해 [모든 앱]의 [PowerPoint]를 클릭하여 파워포인트를 실행한 후 '1_준비.pptx' 파일을 불러옵니다. 파일이 열리면 제목 아래 이름 부분에 '나의 이름'을 입력합니다.

2 [삽입] 탭의 [일러스트레이션] 그룹에서 [도형]을 클릭한 후 [기본 도형]−[타원(○)]을 선택하고 슬라이드에 드래그해 도형을 그립니다.

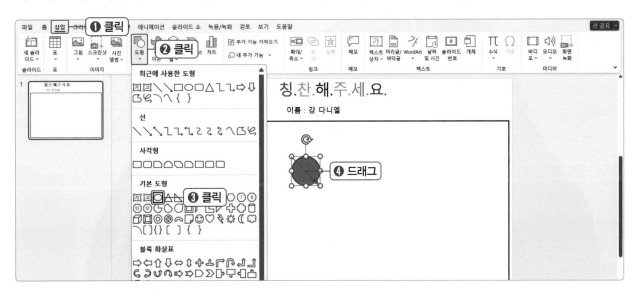

3 [도형 서식] 탭의 [크기] 그룹에서 [높이]에 '2', [너비]에 '1.85'를 입력합니다.

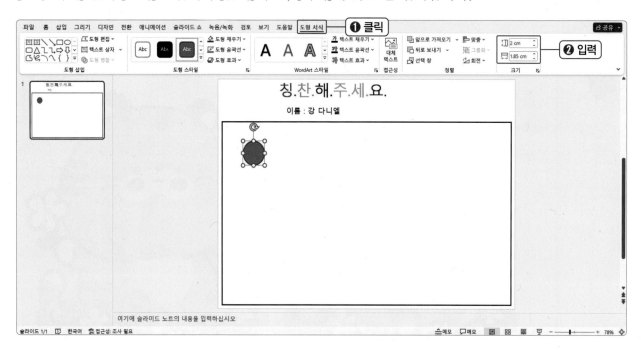

4 [도형 서식] 탭의 [도형 스타일] 그룹에서 [도형 채우기]를 클릭해 '파랑, 강조 5'를 선택한 후 [도형 윤곽선]에 '검정, 텍스트 1'을 선택합니다.

5 도형에 숫자 '1'을 입력한 후 드래그해 숫자를 선택합니다. [홈] 탭의 [글꼴 색]을 클릭해 '검정, 텍스트 1'을 선택합니다.

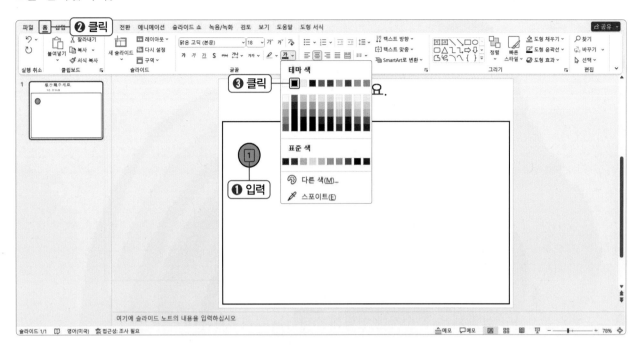

6 [글꼴]을 클릭해 원하는 글꼴로 바꿉니다.

7 Ctrl 키를 누른 상태에서 드래그해 복사한 후 숫자를 바꾸고 채우기 색을 바꿉니다.

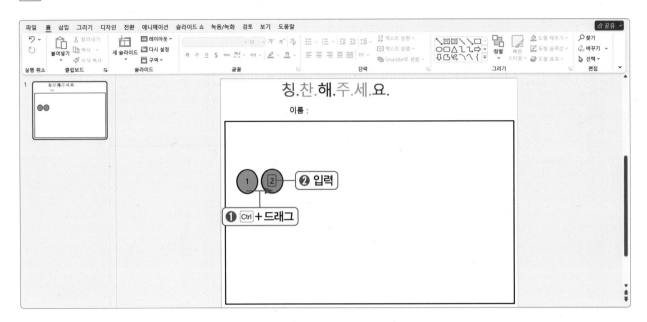

8 도형을 복사하고 색을 채운 후 숫자를 입력해 스티커를 완성합니다.

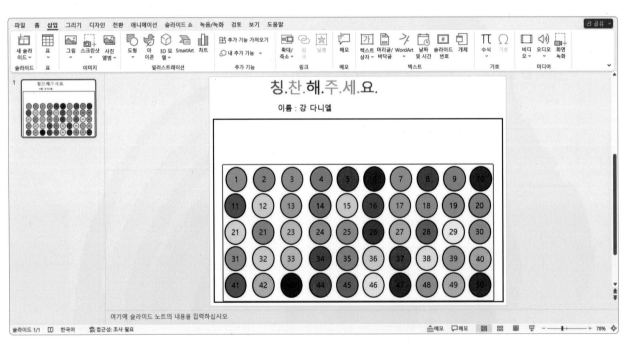

 알아두기

도형복사

복사하려고 하는 도형을 선택하고 Ctrl + Shift 키를 누르고 있는 상태에서 좌우 또는 상하로 드래그 앤 드롭하세요. Ctrl 키를 누른 상태에서 드래그하면 도형이 복사되고 Shift 키를 같이 누르면 수평이나 수직으로 이동할 수 있어요.

02 온라인 그림 삽입하기

1 [삽입] 탭의 [이미지] 그룹에서 [그림]을 클릭해 [온라인 그림] 선택합니다.

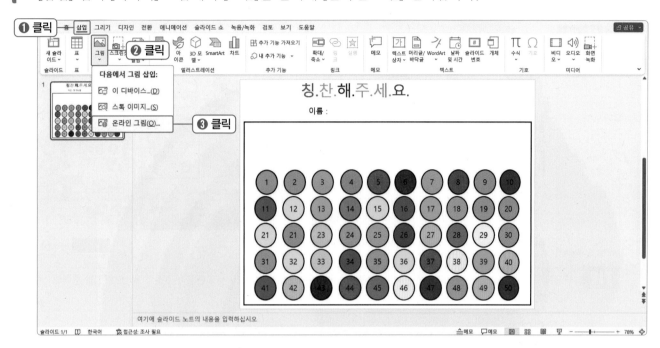

2 [온라인 그림] 창이 열리면 '캐릭터'를 입력하고 Enter 키를 누릅니다.

3 검색된 이미지에서 원하는 캐릭터를 선택하고 [삽입]을 클릭합니다.

TIP 기본적으로 저작권 무료인 이미지들이 나타나는데 더 많은 온라인 그림을 보고 싶으면 [Creative Commons만]을 클릭해 선택을 해제해요.

4 [그림 서식] 탭의 [조정] 그룹에서 [색]을 클릭해 [투명한 색 설정]을 선택하고 마우스 포인터가 ✎로 바뀌면 투명하게 하고 싶은 부분을 클릭합니다.

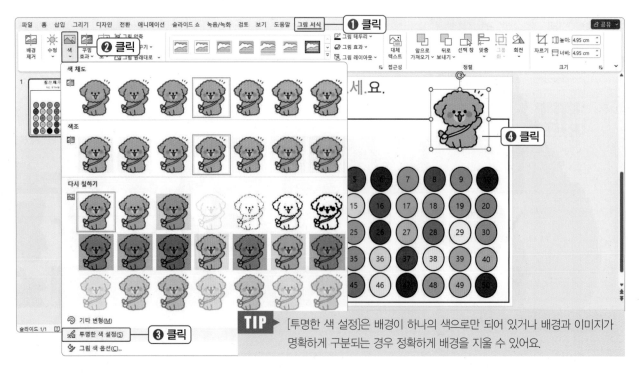

TIP [투명한 색 설정]은 배경이 하나의 색으로만 되어 있거나 배경과 이미지가 명확하게 구분되는 경우 정확하게 배경을 지울 수 있어요.

5 캐릭터를 더 추가하여 스티커를 완성한 후 [파일] 탭의 [저장]을 클릭해 파일을 저장합니다.

① 도형을 이용하여 칭찬 나무를 완성해 보세요.

▶ 준비 파일 : 1_혼자해보기(준비)   ▶ 완성 파일 : 1_혼자해보기(완성)

칭찬나무

이름:김푸름

2 생일카드 만들기

파워포인트의 도형 삽입, 그림 삽입, 그리고 그림 편집 기능을 사용해서 멋진 생일카드를 만들어 볼까요.

 작품 완성

준비 파일 : 2_준비.pptx,
2_그림파일
완성 파일 : 2_완성.pptx

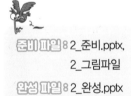  **다음 문장을 소리 내어 읽어본 후 입력해 보세요.**

나의 생일이 다가와요! 친구들에게 생일 초대장을 보내고 싶어요.

초대장에는 "생일 파티에 오세요!"라고 적을 거예요. 친구들이 많이 오면 좋겠어요.

우리는 함께 케이크를 먹고, 게임도 할 거예요. 생일 파티는 재미있는 시간이 될 거예요.

친구들이 와서 나랑 함께 놀면 정말 기쁠 거예요.

생일 초대장을 보내면 친구들이 행복하게 올 거예요. 모두 와서 나와 함께 축하해요!

 **IQ UP** ※ 알맞은 그림자를 찾아 선으로 연결해 보세요.

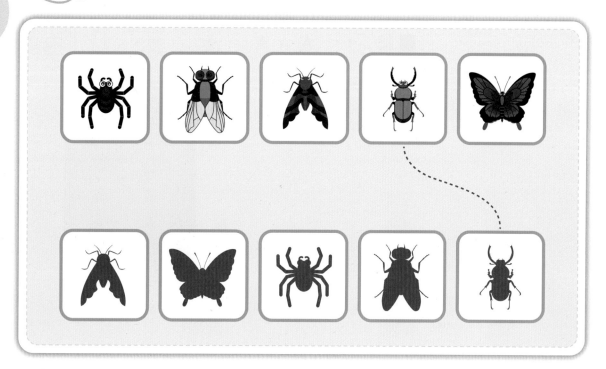

01 도형 삽입하기

1 [시작(⊞)]을 클릭해 [모든 앱]의 [PowerPoint]를 클릭하여 파워포인트를 실행한 후 '2_준비.pptx' 파일을 불러옵니다.

2 [삽입] 탭의 [일러스트레이션] 그룹에서 [도형]을 클릭한 후 [기본 도형]-[사각형: 모서리가 접힌 도형 (⬜)]을 선택하고 슬라이드에 드래그해 도형을 그립니다.

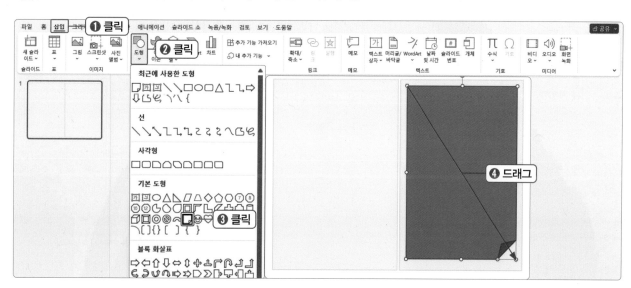

3 도형의 크기를 바꾸기 위해 [도형 서식] 탭의 [크기] 그룹에서 [높이]에 '17', [너비]에 '11.2'를 입력합니다.

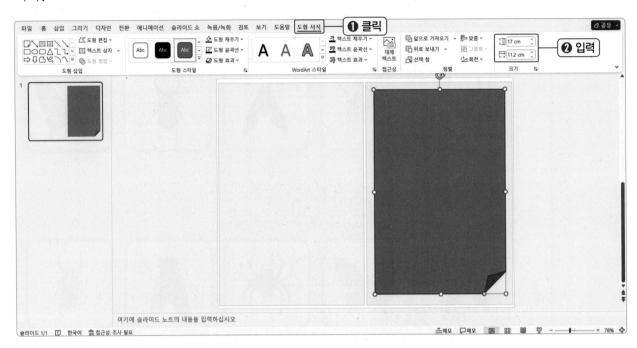

4 [도형 서식] 탭의 [도형 스타일] 그룹에서 [도형 채우기]를 클릭해 '흰색, 배경 1'을 선택하고 [도형 윤곽선]을 클릭해 '파랑, 강조 5, 60% 더 밝게'를 선택합니다.

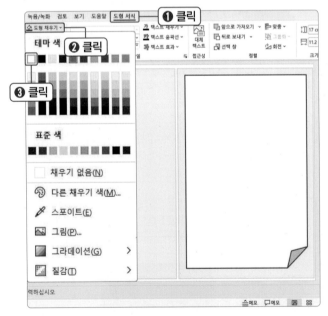
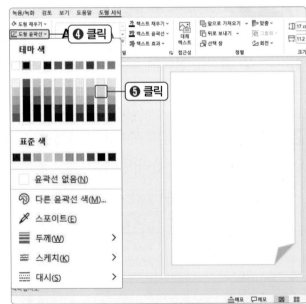

5 [홈] 탭의 [글꼴] 그룹에서 [글꼴색]을 클릭한 다음 '검정, 텍스트1'을 선택합니다.

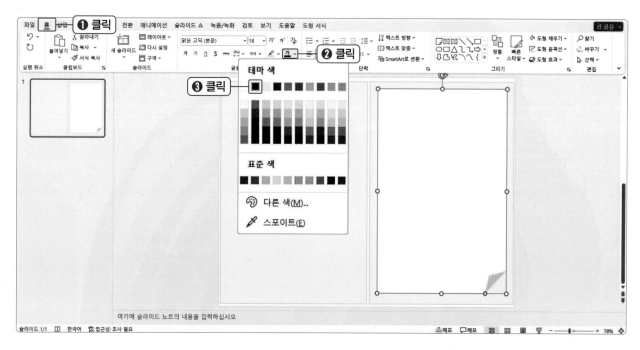

6 [홈] 탭의 [글꼴]을 클릭해 원하는 글꼴을 선택한 다음 내용을 입력합니다.

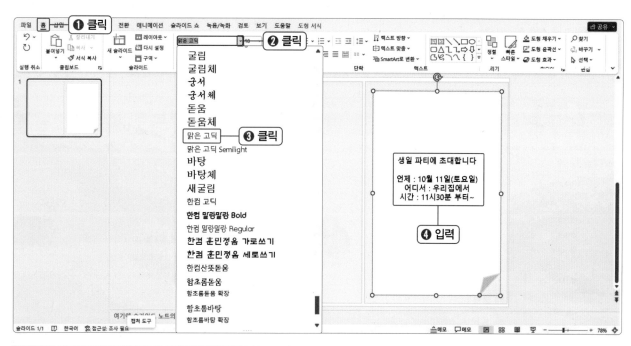

TIP 예제는 "생일 파티에 초대합니다", "언제 : 10월 11일(토요일)", "어디서 : 우리집에서", "시간 : 11시30분 부터~"라고 입력했어요.

02 그림 삽입하기

1 그림 파일을 삽입하기 위해 [삽입] 탭의 [이미지] 그룹에서 [그림]-[이 디바이스]를 선택합니다.

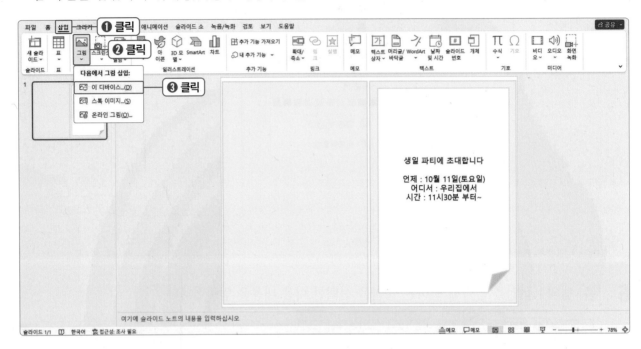

2 [그림 삽입] 창이 열리면 예제가 있는 폴더에서 '깃발' 파일을 선택하고 [삽입]을 클릭합니다.

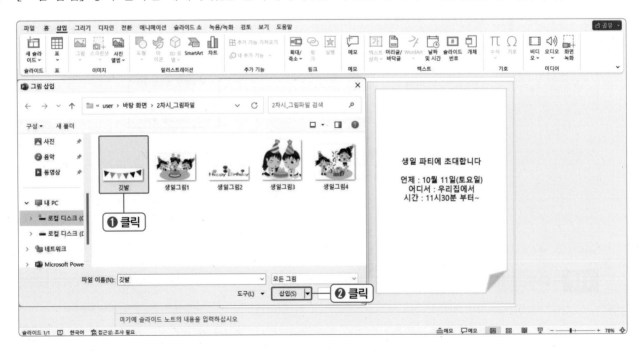

3 그림의 흰색 배경을 투명하게 만들기 위해 [그림 서식] 탭의 [조정] 그룹에서 [색]을 클릭해 [투명한 색 설정]을 선택합니다.

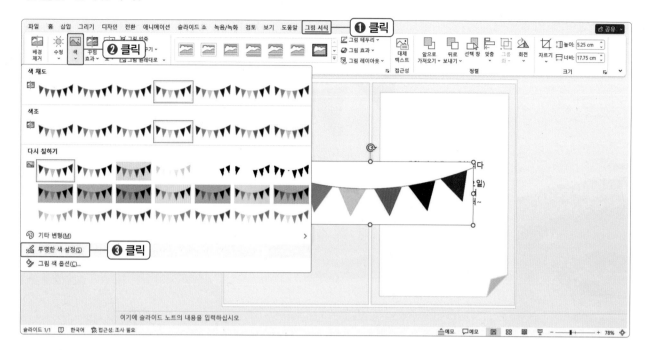

4 마우스 포인터가 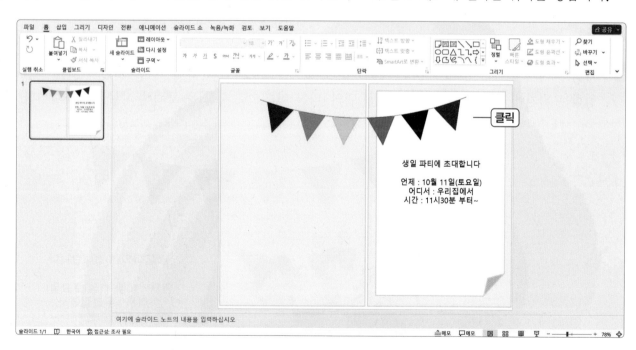로 바뀌면 흰색 배경 위를 클릭한 후 그림을 드래그해 원하는 위치를 정합니다.

5 그림을 추가하기 위해 [삽입] 탭의 [이미지] 그룹에서 [그림]–[이 디바이스]를 선택하여 [그림 삽입] 창이 열리면 예제 폴더에서 '생일그림1' 파일을 선택하고 [삽입]을 클릭합니다. 그림이 삽입되면 배경을 투명하게 바꿉니다.

6 나머지 예제 폴더의 '생일그림2', '생일그림3', '생일그림4' 파일을 삽입하고 배경을 투명하게 바꾼 후 원하는 위치에 놓고 완성합니다. [파일] 탭의 [다른 이름으로 저장]을 클릭해 파일을 저장합니다.

혼자해 보기

❶ 쪽지 편지 쓰기를 완성해 보세요.

▶ 준비 파일 : 2_혼자해보기1(준비).pptx   ▶ 완성 파일 : 2_혼자해보기1(완성).pptx

❷ 미래의 나에게 편지를 써 보세요.

▶ 준비 파일 : 2_혼자해보기2(준비).pptx   ▶ 완성 파일 : 2_혼자해보기2(완성).pptx

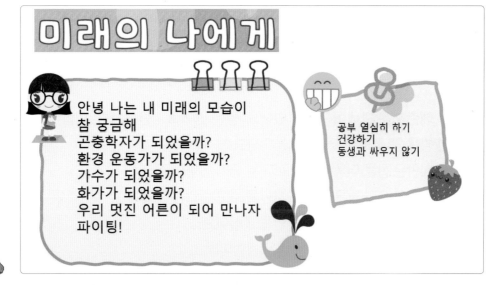

3 방문 안내 표지판 만들기

파워포인트에서 도형 삽입, Word Art, 그림 삽입, 그리고 그림 편집 기능을
사용해서 멋지고 예쁜 방문 안내 표지판을 만들어 볼까요.

 작품 완성

준비 파일 : 3_그림파일
완성 파일 : 3_완성.pptx

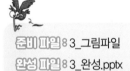 문장 연습 **다음 문장을 소리 내어 읽어본 후 입력해 보세요.**

우리 집에는 예쁜 방문 안내 표지판이 있어요. 방문 안내 표지판에는 "환영합니다!"라고 쓰여있어요.

손님이 오면 방문 안내 표지판을 보고 들어와요.

방문 안내 표지판은 집을 더욱 따뜻하고 기분 좋게 만들어 줘요.

친구들이 우리 집에 오면 방문 안내 표지판을 보고 반갑게 맞이해요.

나도 나중에 멋진 방문 안내 표지판을 만들고 싶어요.

방문 안내 표지판은 손님을 초대하는 좋은 방법이에요.

우리 집에 오면 모두 행복한 기분이 될 거예요.

※ 다른 표정의 그림을 찾아 ○표 해보세요.

01 도형 그리기

1 [시작(▦)]을 클릭해 [모든 앱]의 [PowerPoint]를 클릭하여 파워포인트를 실행한 후 [새로 만들기]- [새 프레젠테이션]을 선택합니다. [홈] 탭의 [슬라이드] 그룹에서 [레이아웃]의 [빈 화면]을 클릭합니다.

2 [삽입] 탭의 [일러스트레이션] 그룹에서 [도형]을 클릭한 후 [사각형]-[사각형: 둥근 모서리(⬜)]를 선택하고 슬라이드에 드래그해 도형을 그립니다.

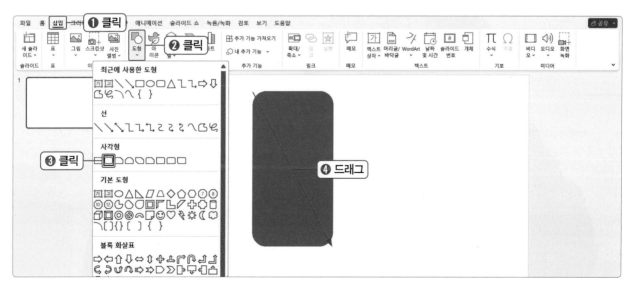

3 도형의 크기를 바꾸기 위해 [도형 서식] 탭의 [크기] 그룹에서 [높이]에 '18', [너비]에 '8'을 입력합니다.

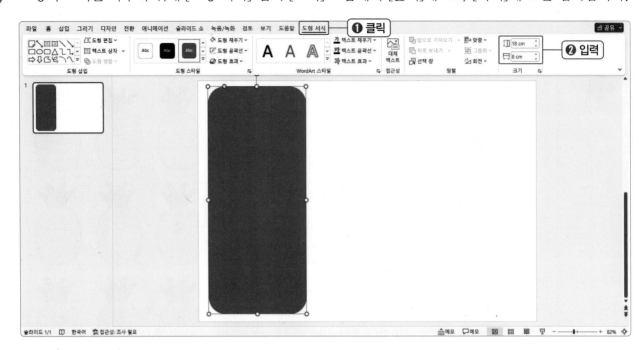

4 [도형 서식] 탭의 [도형 스타일] 그룹에서 [도형 채우기]-[그림]을 선택합니다.

5 [그림 삽입] 창이 열리면 [파일에서]를 선택합니다.

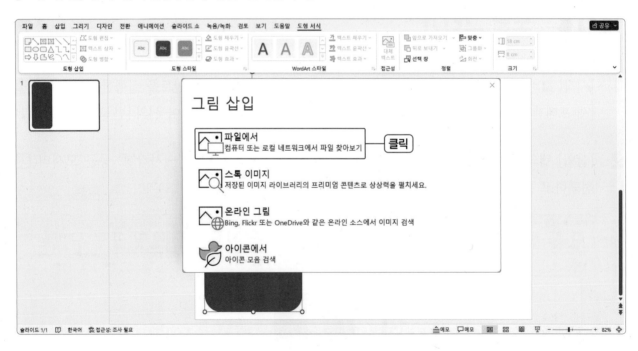

6 [그림 삽입] 창이 열리면 예제 폴더의 '별패턴'을 선택하고 [삽입]을 클릭합니다.

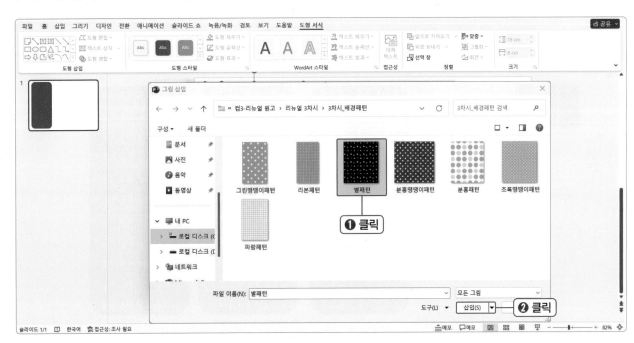

7 선택한 도형의 배경이 '별패턴'으로 채워집니다.

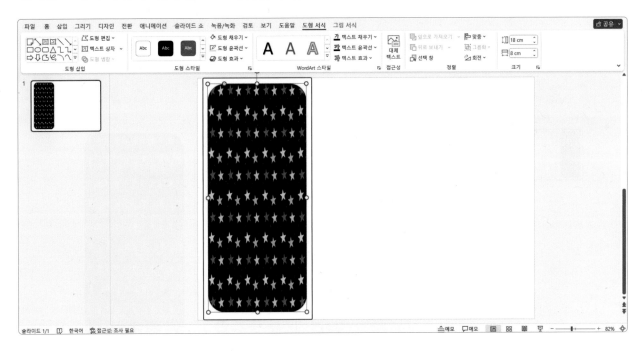

8 Ctrl + Shift 키를 누른 상태에서 드래그해 도형을 복사하여 두 개의 도형을 더 만듭니다.

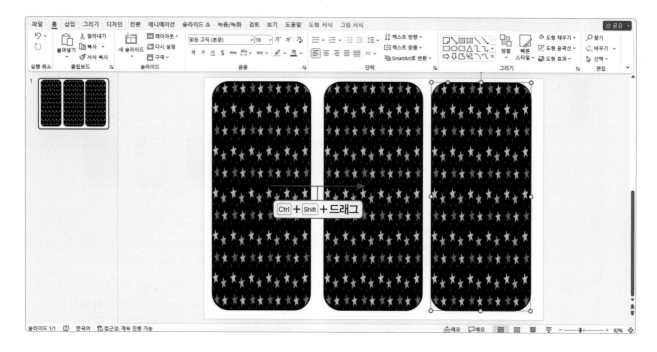

9 [도형 서식] 탭의 [도형 스타일] 그룹에서 [도형 채우기]–[그림]을 선택합니다.

10 [그림 삽입] 창이 열리면 예제 폴더의 '분홍패턴'을 삽입합니다.

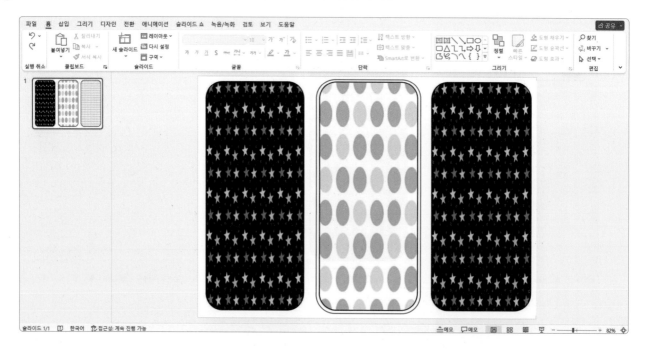

11 세 번째 도형에도 같은 방법으로 배경에 '파랑패턴'을 삽입합니다.

12 [삽입] 탭의 [일러스트레이션] 그룹에서 [도형]을 클릭한 후 [기본 도형]-[타원(◯)]을 선택하고 슬라이드에 드래그해 도형을 그립니다.

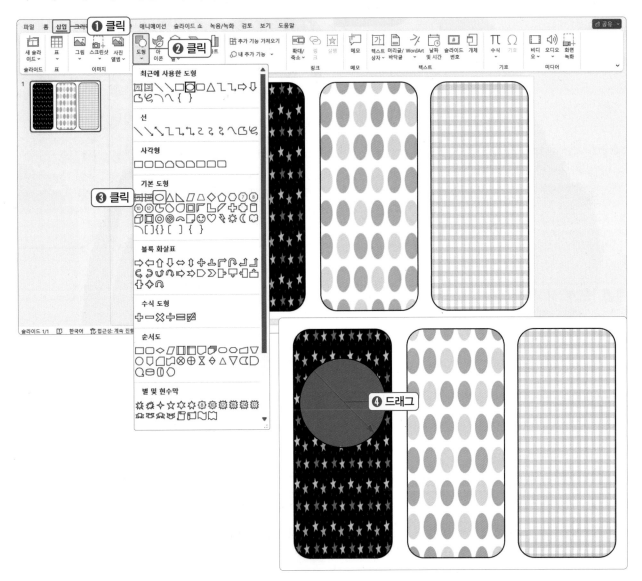

13 [도형 서식] 탭의 [도형 스타일] 그룹에서 [도형 채우기]를 클릭해 '흰색, 배경 1'을 선택한 후 [도형 윤곽선]을 클릭해 원하는 색을 선택합니다.

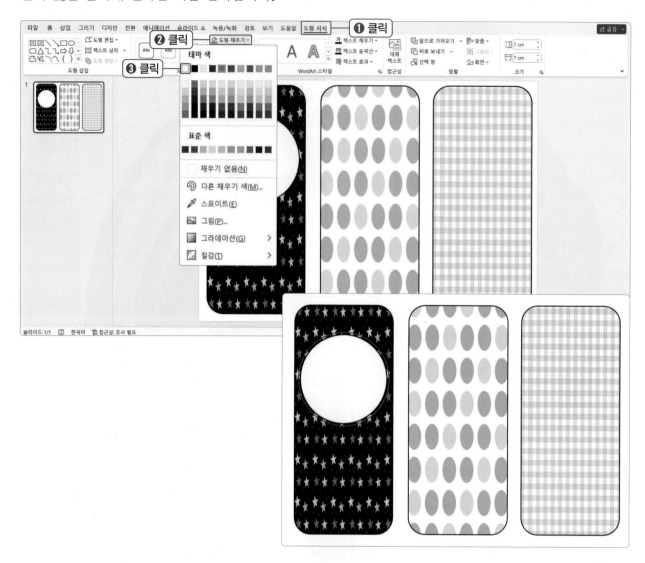

14 [도형 서식] 탭의 [크기] 그룹에서 [높이]와 [너비]에 각각 '7'을 입력합니다.

15 완성된 타원을 Ctrl 키를 누른 상태에서 드래그해 복사하고 [도형 채우기], [도형 윤곽선]를 클릭해 원하는 색으로 바꿉니다. 마지막으로 타원을 하나 더 복사한 후 같은 방법으로 변경합니다.

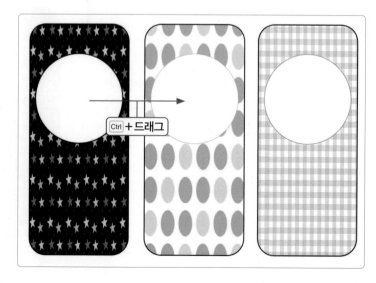

02 워드아트와 클립아트 삽입하기

1 [삽입] 탭의 [텍스트] 그룹에서 [WordArt]를 클릭해 원하는 워드아트를 선택합니다.

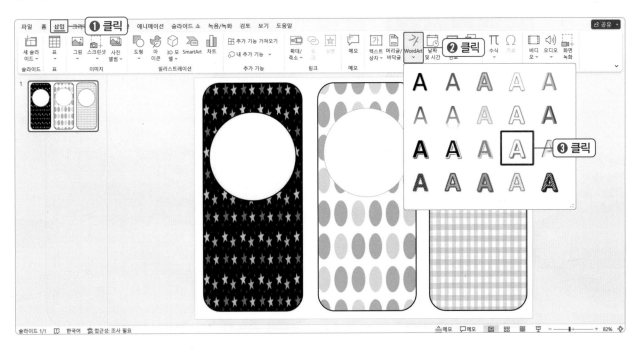

2 워드아트의 내용으로 '공부중'이라 입력한 후 위치를 정합니다. 새로운 모양의 워드아트를 삽입한 후 '휴식중'과 '외출중'이라고 입력하고 위치를 정합니다.

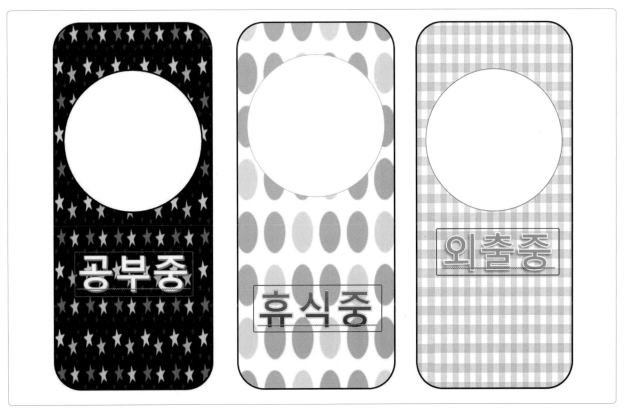

3 새로운 워드아트를 삽입한 후 '지금 지안이는'을 입력한 후 Ctrl 키를 누른 상태에서 드래그해 복사합니다. [삽입] 탭의 [텍스트] 그룹에서 원하는 [WordArt]를 선택하여 텍스트를 완성합니다.

4 [삽입] 탭의 [이미지] 그룹에서 [그림]-[온라인 이미지]를 선택합니다. [이미지 삽입] 창이 열리면 원하는 이미지를 넣어 완성합니다.

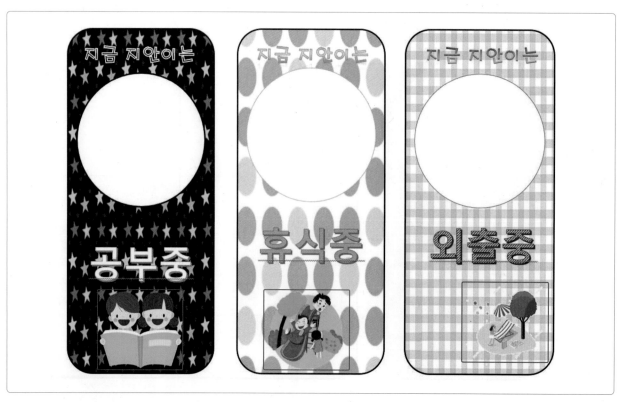

❶ 삼각형 가랜드를 만들어 내 방을 예쁘게 꾸며보세요.

▶ 준비 파일 : 3_혼자해보기1(준비).pptx ▶ 완성 파일 : 3_혼자해보기1(완성).pptx

❷ 이름표를 예쁘게 꾸미고 내 이름을 입력하여 보세요.

▶ 준비 파일 : 3_혼자해보기2(준비).pptx ▶ 완성 파일 : 3_혼자해보기2(완성).pptx

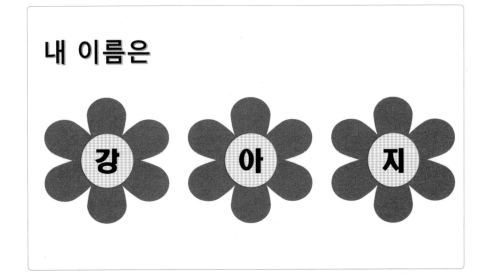

4 미래의 나의 꿈!

파워포인트에서 슬라이드를 추가하고, 텍스트 상자와 온라인 그림 삽입 기능을
사용해서 미래의 나의 꿈을 멋지게 표현한 슬라이드를 만들어 볼까요

 작품 완성

나는 커서 어떤 일을 할까?

이름 : 개나리

축구 선수가 된다면
월드컵에 나가서 4강에 진출하고 싶어요

파티시에가 된다면
세상에서 가장 맛있는 빵을 만들거에요

선생님이 된다면
앉고 싶은 친구와 짝꿍을 하게 해 줄거에요

패션디자이너가 된다면
예쁜 옷을 만들어서 엄마에게 선물할거에요

준비 파일: 없음
완성 파일: 4_완성.pptx

 문장 연습 다음 문장을 소리 내어 읽어본 후 입력해 보세요.

나의 꿈은 훌륭한 선생님이 되는 거예요.

나는 아이들에게 재미있게 가르치는 선생님이 되고 싶어요.

선생님이 되어 친구들에게 좋은 이야기를 많이 해주고 싶어요.

내가 가르친 친구들이 모두 행복하고 똑똑해지면 좋겠어요.

꿈을 이루기 위해 열심히 공부할 거예요.

내가 꿈을 이룰 수 있도록 친구들도 도와줄 거예요.

나는 꼭 꿈을 이룰 거예요!

※ 같은 모양의 잠수함을 찾아보세요.

01 텍스트 입력하기

1 [시작(▥)]을 클릭해 [모든 앱]의 [PowerPoint]를 클릭하여 파워포인트를 실행한 후 [새로 만들기]–[새 프레젠테이션]을 선택합니다. '제목'과 '부제목'을 각각 클릭하여 내용을 입력합니다.

2 [삽입] 탭의 [이미지] 그룹에서 [그림]–[온라인 그림]을 선택합니다. [온라인 그림] 창이 열리면 '과학자'를 입력해 검색한 후 원하는 이미지를 선택하고 [삽입]을 클릭해 이미지를 삽입합니다.

나는 커서 어떤 일을 할까?

이름 : 개나리

02 슬라이드 추가하기

1 새로운 슬라이드를 추가하기 위해 [홈] 탭의 [슬라이드] 그룹에서 [새 슬라이드]의 [빈 화면]을 선택합니다.

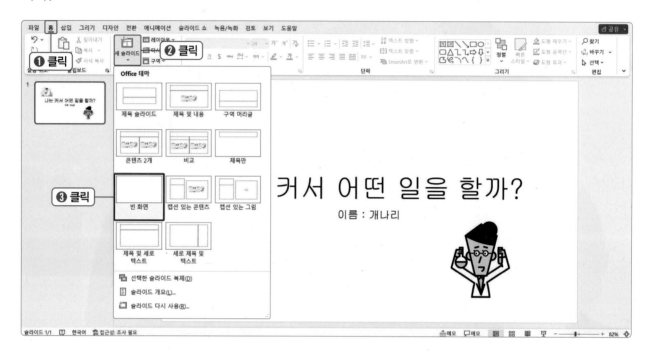

2 텍스트를 입력하기 위해 [삽입] 탭의 [텍스트] 그룹에서 [텍스트 상자]-[가로 텍스트 상자 그리기]를 선택합니다. 슬라이드에 클릭해 나의 꿈에 대해서 자유롭게 입력합니다.

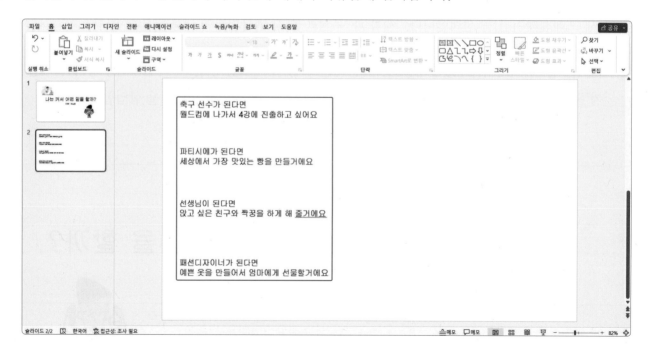

글꼴 서식 변경하기

1 강조하고 싶은 글에 효과를 주기 위해 글꼴과 글자 크기를 바꿀 부분을 드래그합니다. [홈] 탭의 [글꼴] 그룹에서 [글꼴]을 클릭해 원하는 글꼴로 바꾸고 [글꼴 크기]도 원하는 크기로 선택합니다.

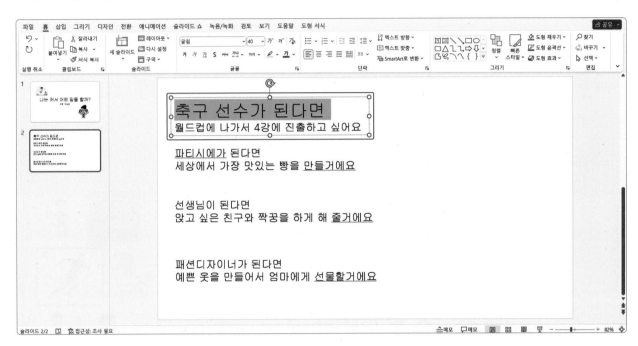

2 같은 방법으로 다른 텍스트의 글꼴과 글꼴 크기를 바꿉니다.

축구 선수가 된다면
월드컵에 나가서 4강에 진출하고 싶어요

파티시에가 된다면
세상에서 가장 맛있는 빵을 만들거에요

선생님이 된다면
앉고 싶은 친구와 짝꿍을 하게 해 줄거에요

패션디자이너가 된다면
예쁜 옷을 만들어서 엄마에게 선물할거에요

---

04 온라인 그림 삽입하기

1 [삽입] 탭의 [이미지] 그룹에서 [그림]–[온라인 그림]을 선택합니다. [온라인 그림] 창이 열리면 '축구 선수 캐릭터'라고 입력해 검색합니다. 검색된 이미지에서 삽입할 이미지를 선택하고 [삽입]을 클릭합니다.

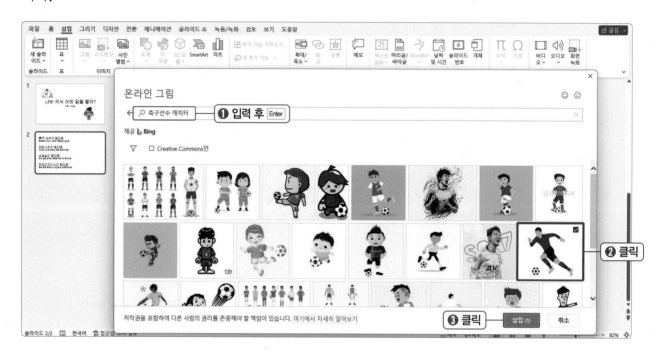

2 삽입된 이미지의 크기와 위치를 정하고 같은 방법으로 각 각의 꿈에 맞는 이미지를 삽입하여 완성합니다.

축구 선수가 된다면
월드컵에 나가서 4강에 진출하고 싶어요

파티시에가 된다면
세상에서 가장 맛있는 빵을 만들거에요

선생님이 된다면
앉고 싶은 친구와 짝꿍을 하게 해 줄거에요

패션디자이너가 된다면
예쁜 옷을 만들어서 엄마에게 선물할거에요

① 텍스트 상자를 추가하여 슬라이드를 완성한 후 슬라이드를 추가하여 내 머리 속의 생각을 표현한 슬라이드를 완성해 보세요.

▶ 준비 파일 : 없음   ▶ 완성 파일 : 4_혼자해보기(완성).pptx

나의 관심사

이름 : 이사랑

영화   게임

친구   핸드폰

5 만화 만들기

3컷이나 4컷 만화를 만들어 볼 거예요! 도형에 그림 채우기와 온라인 그림 채우기
기능을 사용하고 설명선 도형을 넣어서 만화 내용을 적어 재미있게 완성해 볼까요.

 작품 완성

무더운 여름날 베짱이는 땀흘리며
일하는 개미를 놀렸어요

겨울이 되자 베짱이는
후회하며 개미를 찾아갔어요

개미는 베짱이에게
맛있는 음식을 대접했어요

준비파일 5_준비.pptx,
5_그림파일
완성파일 5_완성.pptx

 문장 연습 다음 문장을 소리 내어 읽어본 후 입력해 보세요.

옛날 옛날에 숲속에 작은 토끼가 살았어요.

토끼는 친구들과 함께 놀고 싶었어요. 어느 날 토끼는 큰 호수에서 새로운 친구를 만났어요.

그 친구는 거북이였어요. 거북이는 느리지만 똑똑한 친구였어요.

토끼는 거북이에게 함께 놀자고 했어요. 두 친구는 함께 재미있게 놀았어요.

토끼는 거북이에게 많은 것을 배우고, 거북이는 토끼에게 즐겁게 놀 수 있는 방법을 알려줬어요.

두 친구는 언제나 함께 행복하게 살았어요.

IQ UP ※ **두 개의 그림에서 서로 다른 부분을 모두 찾아 ○표 해보세요.**

01 만화 이미지 삽입하기

1 [시작(▩)]을 클릭해 [모든 앱]의 [PowerPoint]를 클릭하여 파워포인트를 실행한 후 '5_준비.pptx' 파일을 불러옵니다.

2 만화 이미지를 삽입하기 위해 첫 번째 도형을 선택하고 [도형 서식] 탭의 [도형 스타일] 그룹에서 [도형 채우기]-[그림]을 선택합니다.

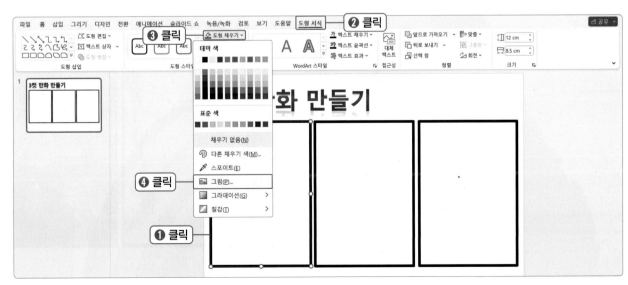

3 [그림 삽입] 창이 열리면 [파일에서]를 클릭한 후 예제 폴더의 그림 중 원하는 그림을 선택하고 [삽입]을 클릭합니다.

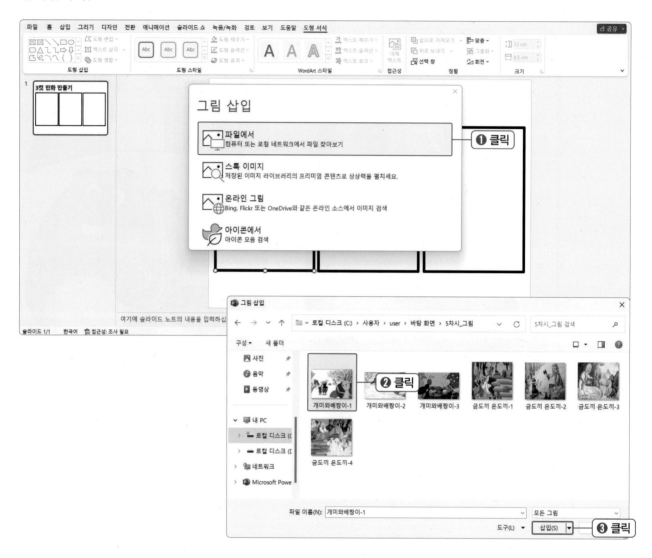

4 나머지 도형에도 같은 방법으로 그림을 삽입합니다.

02 만화 내용 입력하기

1 말풍선을 넣기 위해 [삽입] 탭의 [일러스트레이션] 그룹에서 [도형]을 클릭한 후 [설명선]-[생각 풍선: 구름 모양(💭)]을 선택하고 슬라이드에 드래그해 도형을 그립니다.

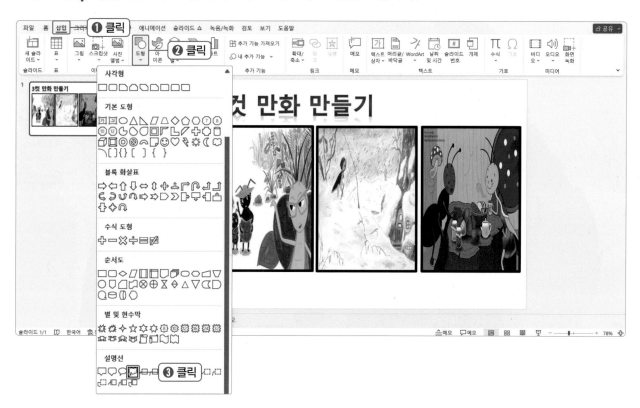

2 [도형 서식] 탭의 [도형 스타일] 그룹에서 [도형 채우기], [도형 윤곽선]을 각각 클릭한 후 원하는 색으로 바꿉니다.

3 나머지 그림에도 같은 방법으로 도형을 삽입합니다.

4 [삽입] 탭의 [텍스트] 그룹에서 [텍스트 상자]의 [가로 텍스트 상자 그리기]를 선택한 후 그림의 아래에 놓습니다.

5 삽입된 텍스트 상자를 선택한 후 드래그하여 복사하고 설명글을 순서대로 입력합니다.

무더운 여름날 베짱이는 땀흘리며
일하는 개미를 놀렸어요

겨울이 되자 베짱이는
후회하며 개미를 찾아갔어요

개미는 베짱이에게
맛있는 음식을 대접했어요

6 3컷 만화가 완성되었습니다.

TIP 첫 번째 설명글은 "무더운 여름날 베짱이는 땀흘리며 일하는 개미를 놀렸어요", 두 번째는 "겨울이 되자 베짱이는 후회하며 개미를 찾아갔어요" 마지막으로 "개미는 베짱이에게 맛있는 음식을 대접했어요"라고 입력했어요.

① **나만의 상상력으로 4컷의 만화를 완성해 보세요.**

▶ 준비 파일 : 5_혼자해보기1(준비).pptx

▶ 완성 파일 : 5_혼자해보기1(완성).pptx

4컷 만화 만들기

마음씨 착한 나무꾼이 나무를 하러갔다가 도끼를 연못에 빠뜨렸어요.

산신령이 나타나서 도끼를 찾아주고 은도끼 금도끼도 선물로 주었어요.

욕심쟁이 나무꾼이 소문을 듣고 일부러 도끼를 연못에 빠뜨렸어요.

산신령이 나타났지만 거짓말을 한 욕심쟁이가 나무꾼의 도끼까지 가지고 사라졌어요.

② **온라인 그림을 활용하여 영화 이야기를 완성해 보세요.**

▶ 준비 파일 : 5_혼자해보기2(준비).pptx   ▶ 완성 파일 : 5_혼자해보기2(완성).pptx

영화 이야기

6 나만의 명함 만들기

파워포인트에서 도형 삽입, 패턴 채우기 그리고 온라인 그림을 사용해서 나만의 멋진 명함을 만들어 볼 거예요. 만든 명함을 복사해서 여러 장으로 만들어 볼까요.

 작품 완성

준비 파일 : 6_준비.pptx
완성 파일 : 6_완성.pptx

 **문장 연습** **다음 문장을 소리 내어 읽어본 후 입력해 보세요.**

나는 새로운 명함을 만들었어요. 명함에는 내 이름과 전화번호가 쓰여 있어요.

명함을 친구에게 주면 내가 누구인지 알 수 있어요.

명함은 중요한 정보를 알려주는 카드예요. 부모님도 명함을 가지고 있어요.

명함을 주고받으면 서로 더 잘 알게 돼요.

나는 나중에 멋진 직업을 가지고 멋진 명함을 만들 거예요.

명함을 보면 사람들이 나를 기억할 수 있어요. 명함은 좋은 선물이 될 수 있어요.

IQ UP   ※ 서로 만날 수 있도록 길을 찾아 주세요.

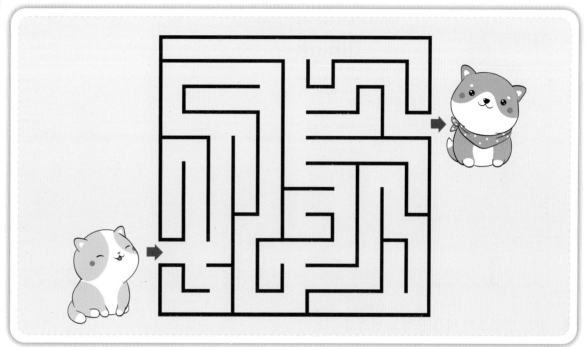

01 도형에 패턴 채우기

1 [시작(■)]을 클릭해 [모든 앱]의 [PowerPoint]를 클릭하여 파워포인트를 실행한 후 '6_준비.pptx' 파일을 불러옵니다. 왼쪽에 있는 도형을 선택한 후 [도형 서식] 탭의 [도형 스타일] 그룹에서 [도형 서식(⤓)]을 클릭합니다.

2 [도형 서식] 작업 창이 나타나면 [채우기]-[패턴 채우기]를 선택합니다. [패턴]에서 원하는 모양을 선택하고 [전경색]을 클릭해 원하는 색상을 선택합니다.

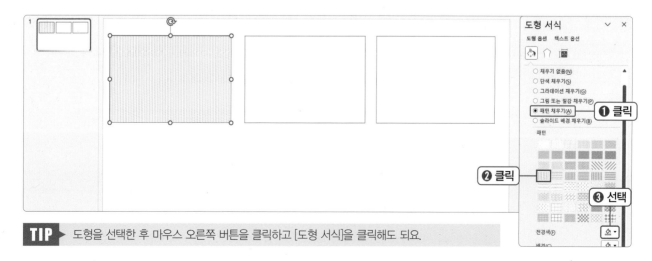

TIP ▶ 도형을 선택한 후 마우스 오른쪽 버튼을 클릭하고 [도형 서식]을 클릭해도 되요.

3 [도형 서식]의 [도형 스타일] 그룹에서 [도형 윤곽선]을 클릭해 원하는 색상을 선택합니다.

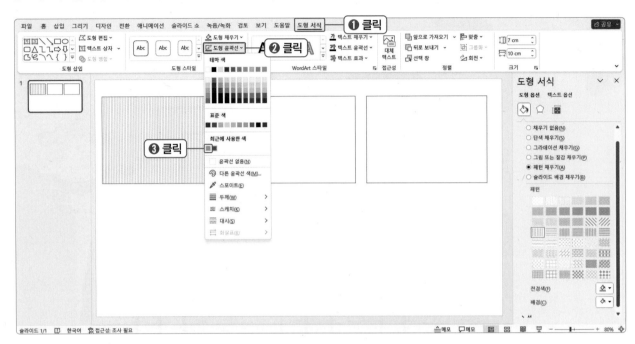

4 같은 방법으로 다른 도형도 변경합니다.

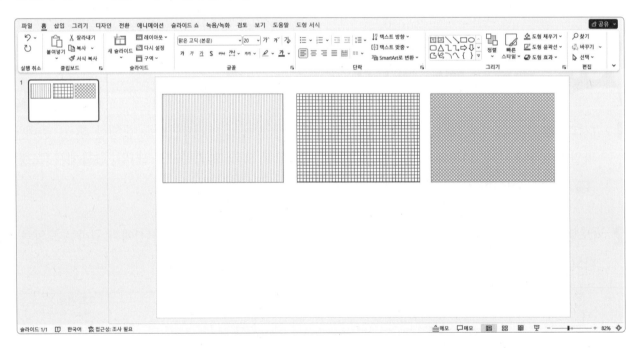

02 명함 내용 입력하기

1 [삽입] 탭의 [일러스트레이션] 그룹에서 [도형]을 클릭한 후 [사각형]–[직사각형(□)]을 선택하고 슬라이드에 드래그해 도형을 그립니다.

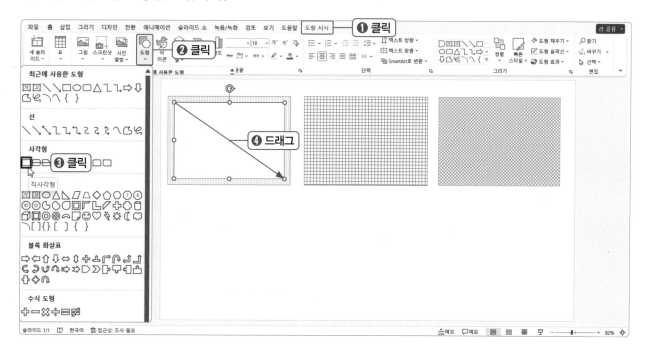

2 명함에 사용할 내용을 입력하고 [홈] 탭에서 [글꼴]과 [글꼴 크기]를 바꾼 후 Ctrl 키를 누른 상태에서 드래그해 복사합니다.

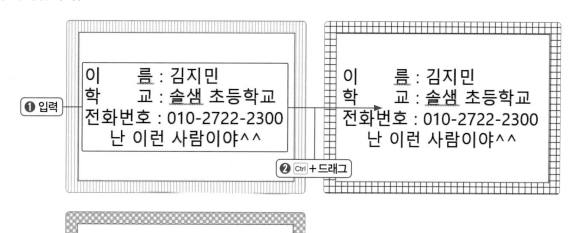

03 명함 꾸미기

1 [삽입] 탭의 [이미지] 그룹에서 [그림]–[온라인 그림]을 클릭
합니다. [온라인 그림] 창이 열리면 '천사 캐릭터'와 '꽃'을
검색한 후 원하는 이미지를 삽입하고 크기와 위치를 정합
니다.

2 같은 방법으로 '자동차'와 '병아리'를 검색한 후 이미지를 삽입하고 크기와 위치를 정합니다.

3 [삽입] 탭의 [일러스트레이션] 그룹에서 [아이콘]을 클릭합니다. [스톡 이미지] 창이 열리면 원하는
이미지를 선택하고 [삽입]을 클릭합니다.

4 삽입된 이미지의 크기와 위치를 정합니다.

5 [그래픽 형식] 탭의 [그래픽 스타일] 그룹에서 [그래픽 채우기]를 클릭해 원하는 색상을 선택합니다.

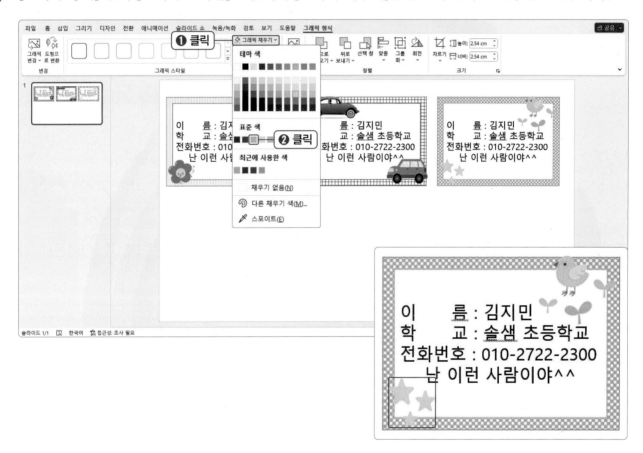

 **알아두기**

스톡이미지란?

스톡이미지(Stock Images)는 사용자가 사용할 이미지들을 미리 만들어 놓은 사진, 그래픽 이미지 등을 말해요.

파워포인트에서는 이미지, 아이콘, 사람 컷아웃, 스티커, 비디오, 일러스트레이션, 만화 캐릭터 등의 자료를 제공하고 있어요.

04 명함 여러 개 만들기

1 완성한 명함을 복사하기 위해 복사할 도형을 드래그해 선택합니다. Ctrl + Shift 키를 누른 상태에서 아래로 드래그합니다.

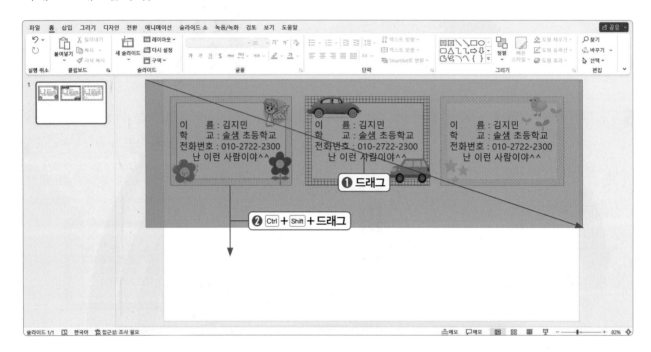

2 추가된 명함의 배경 [채우기]와 [전경색]을 원하는 모양으로 바꾸고 [온라인 그림]과 [아이콘]을 사용해 이미지를 추가해 여러 가지 모양으로 명함을 변경합니다.

1 나만의 이름표를 만들고 어울리는 캐릭터를 삽입해 보세요.

▶ 준비 파일 : 6_혼자해보기1(준비).pptx ▶ 완성 파일 : 6_혼자해보기1(완성).pptx

2 나만의 세로형 이름표를 만들고 어울리는 캐릭터를 삽입해 보세요.

▶ 준비 파일 : 6_혼자해보기2(준비).pptx ▶ 완성 파일 : 6_혼자해보기2(완성).pptx

파워포인트에서 그림을 넣고 스타일을 바꿔서 멋진 사진첩을 만들어 볼까요.

⚙ 작품 완성

준비 파일 : 7_준비.pptx
완성 파일 : 7_완성.pptx

문장 연습  다음 문장을 소리 내어 읽어본 후 입력해 보세요.

우리 집에는 예쁜 사진첩이 있어요. 사진첩에는 가족사진이 많이 있어요.

엄마, 아빠, 형, 나의 사진이 들어 있어요.

사진첩을 보면 우리는 함께 웃고 여행도 갔어요. 사진 속에서 우리는 행복해 보여요.

나는 사진첩을 보며 추억을 떠올려요. 친구들과 찍은 사진도 있어요.

그 사진을 보면 언제나 기분이 좋아요. 나도 멋진 사진을 많이 찍어서 사진첩에 넣고 싶어요.

사진첩은 나의 소중한 기억을 담고 있어요.

 **※ 물음표에 알맞은 그림을 찾아보세요.**

01 이미지 삽입하기

1 [시작(▦)]을 클릭해 [모든 앱]의 [PowerPoint]를 클릭하여 파워포인트를 실행한 후 '7_준비.pptx' 파일을 불러옵니다.

2 만화 이미지를 삽입하기 위해 [삽입] 탭의 [이미지] 그룹에서 [그림]–[온라인 그림]을 선택합니다. [온라인 그림] 창이 열리면 '브롤스타즈'를 입력해 검색한 다음 원하는 이미지를 선택하고 [삽입]을 클릭 합니다.

3 원하는 이미지가 삽입되면 크기와 위치를 정한 후 [그림 서식] 탭의 [그림 스타일] 그룹에서 [단순형 프레임, 흰색]을 선택합니다.

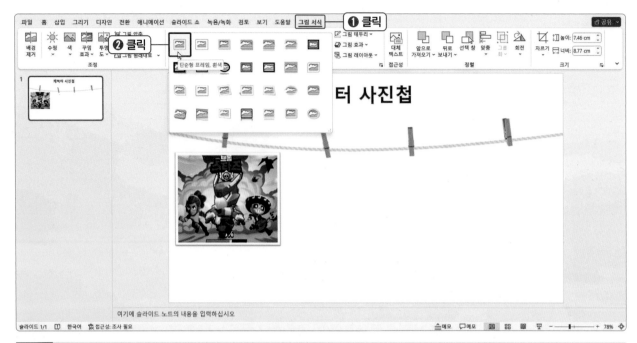

TIP 온라인 그림을 사용할 경우 다음과 같은 라이선스 안내 문구("님의 이 사진에는 ○○○ 라이선스가 적용됩니다.")가 떠요. 텍스트를 클릭하고 지우고 사용해요.

4 회전 조절점(⟳)을 드래그해 그림을 회전한 다음 위치를 정합니다.

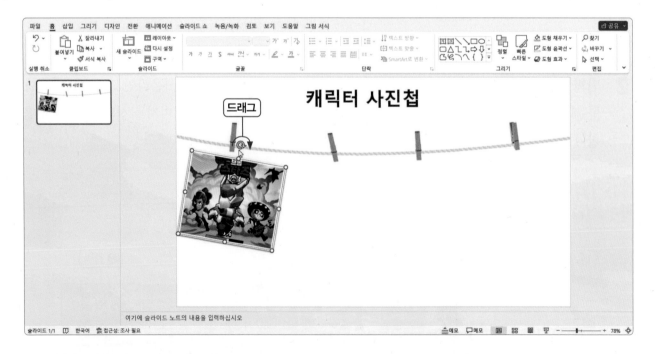

5 [삽입] 탭의 [이미지] 그룹에서 [그림]–[온라인 그림]을 선택해 이미지를 검색한 후 원하는 이미지 여러 개를 삽입합니다.

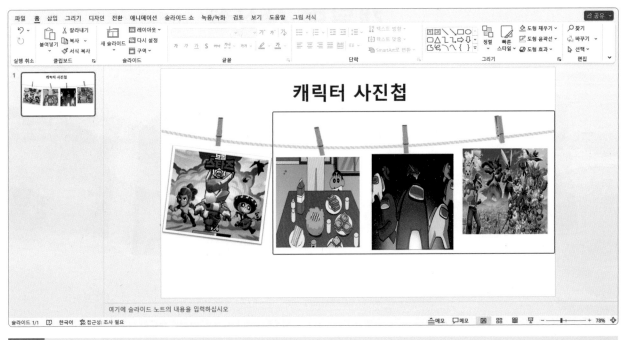

TIP 예제에는 '짱구', '어몽어스', '포켓몬'으로 검색했어요.

6 삽입된 그림을 선택하고 [그림 서식] 탭의 [그림 스타일] 그룹에서 원하는 스타일을 선택합니다.

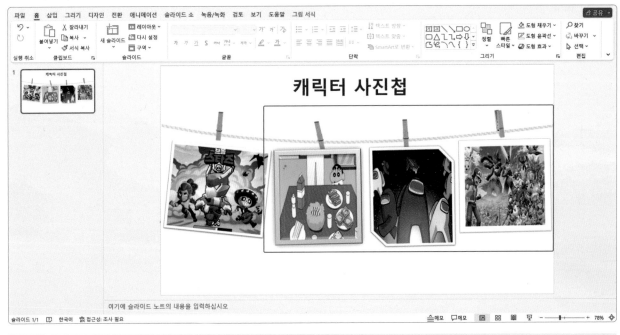

TIP 예제에는 '금속 프레임', '대각선 방향의 모서리 잘림, 흰색', '입체 무광택, 입체'를 적용했어요.

7 회전 조절점()을 드래그해 그림을 회전한 다음 크기와 위치 등을 조절해 사진첩을 완성합니다.

캐릭터 사진첩

8 [파일] 탭의 [저장]을 클릭해 파일을 저장합니다.

←

홈
새로 만들기
열기

정보
저장
다른 이름으로 저장

사용 기록
인쇄
공유
내보내기
닫기

다른 이름으로 저장

최근 항목

OneDrive

이 PC

위치 추가

찾아보기

고정됨
나중에 쉽게 찾을 수 있도록 폴더를 고정합니다. 폴더 위에 마우스를 올릴 때 나타나는 핀 아이콘을 클릭하세요.

오늘

바탕 화면
바탕 화면   2024-10

문서

① 좋아하는 연예인 사진으로 연예인 사진첩을 꾸며보세요.

▶ 준비 파일 : 7_혼자해보기1(준비).pptx   ▶ 완성 파일 : 7_혼자해보기1(완성).pptx

② 귀여운 동물 사진으로 동물 사진첩을 꾸며보세요.

▶ 준비 파일 : 7_혼자해보기2(준비).pptx   ▶ 완성 파일 : 7_혼자해보기2(완성).pptx

8 영어 단어장 만들기

파워포인트에서 온라인 그림을 사용해서 A부터 Z까지 영어 단어장을 재미있게 만들어 볼까요.

 작품 완성

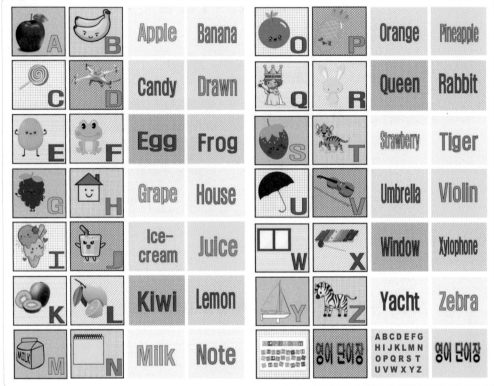

준비 파일 : 8_준비.pptx
완성 파일 : 8_완성.pptx

 **문장 연습** **다음 문장을 소리 내어 읽어본 후 입력해 보세요.**

나는 단어장을 가지고 있어요. 단어장에는 내가 배우는 단어들이 있어요.

매일 새로운 단어를 외워요. 단어를 외우면 더 잘 읽고 쓸 수 있어요.

친구들과 함께 단어장을 보고 연습해요. 단어장은 나에게 아주 중요한 책이에요.

나는 어려운 단어를 외우고, 점점 더 많은 단어를 알게 되었어요.

단어를 알면 책을 더 재미있게 읽을 수 있어요. 단어장은 내가 공부하는 좋은 친구예요.

※ 두 개의 그림에서 서로 다른 부분을 찾아 ○표 해보세요.

01 단어에 맞추어 온라인 그림 삽입하기

1 [시작(▦)]을 클릭해 [모든 앱]의 [PowerPoint]를 클릭하여 파워포인트를 실행한 후 '8_준비.pptx' 파일을 불러옵니다. [삽입] 탭의 [이미지] 그룹에서 [그림]-[온라인 그림]을 선택합니다.

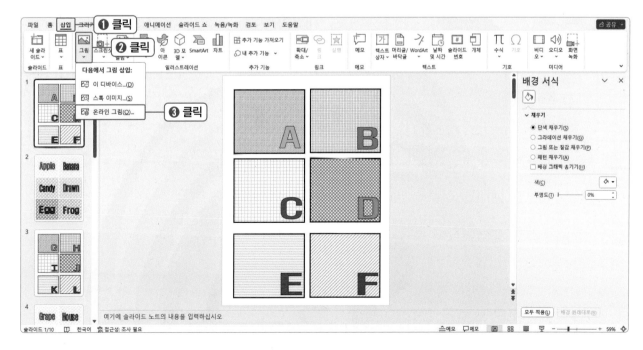

2 [온라인 그림] 창이 열리면 '사과 캐릭터'로 검색한 후 원하는 이미지를 선택하고 [삽입]을 클릭합니다.

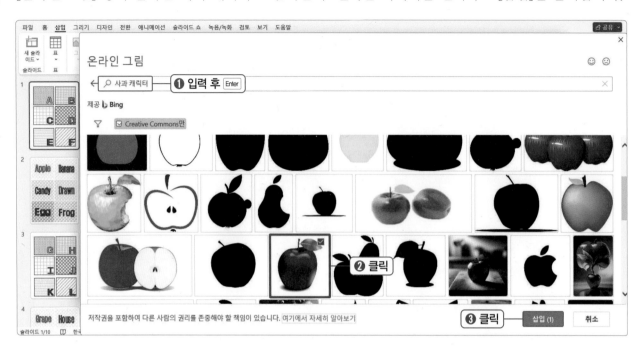

3 삽입한 이미지의 크기를 바꾼 다음 'A' 카드로 드래그합니다.

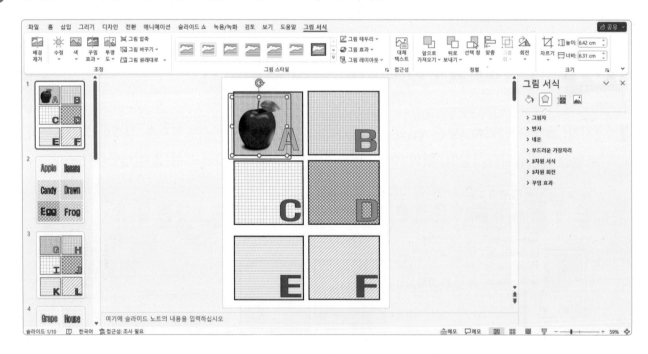

4 같은 방법으로 '슬라이드 1', '슬라이드 3', '슬라이드 5', '슬라이드 7', '슬라이드 9'에 'A'에서 'Z'와 관련된 그림을 삽입합니다.

▲ 슬라이드 1   ▲ 슬라이드 3

▲ 슬라이드 5   ▲ 슬라이드 7

5 '슬라이드 9'를 선택하고 [온라인 그림]에서 '알파벳'으로 입력해 검색한 후 원하는 이미지를 추가하고 완성합니다.

6 [파일] 탭의 [저장]을 클릭해 파일을 저장합니다.

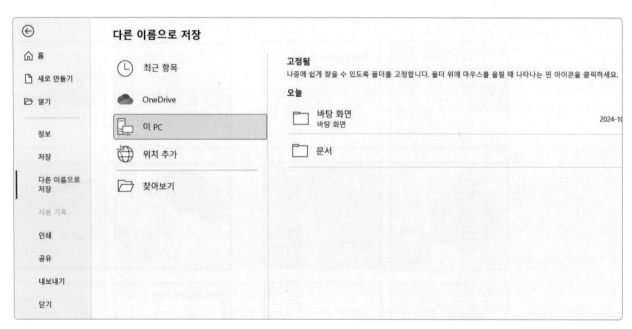

① [온라인 그림]을 사용해서 '한글 자음 단어장'을 완성해 보세요.

▶ 준비 파일 : 8_혼자해보기1(준비).pptx   ▶ 완성 파일 : 8_혼자해보기1(완성).pptx

② [온라인 그림]을 사용하여 '한글 모음 단어장'을 완성해 보세요.

▶ 준비 파일 : 8_혼자해보기2(준비).pptx   ▶ 완성 파일 : 8_혼자해보기2(완성).pptx

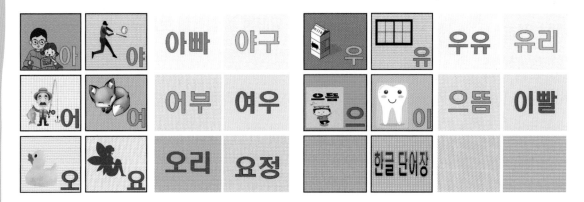

9 별자리 이야기

파워포인트에서 도형을 만들고, 도형에 그림을 넣어서 멋진 별자리 이야기를 완성해 볼까요.

 작품 완성

준비 파일 : 9_준비.pptx,
9_그림파일
완성 파일 : 9_완성.pptx

 **문장 연습** 다음 문장을 소리 내어 읽어본 후 입력해 보세요.

밤하늘에는 많은 별이 있어요. 별들은 서로 모여서 별자리를 만들어요.

나는 별자리 보는 것을 좋아해요. 별자리는 다양한 모양을 하고 있어요.

예를 들면 큰곰자리와 작은곰자리가 있어요. 큰곰자리는 큰 숟가락처럼 생겼어요.

작은곰자리는 작은 숟가락처럼 생겼어요. 밤에 별자리를 찾으면 신기하고 재미있어요.

나는 별자리를 많이 배우고, 친구들에게도 알려줄 거예요.

별자리는 하늘에서 우리를 반겨주는 소중한 친구예요.

01 이미지 삽입하기

1 [시작(▦)]을 클릭해 [모든 앱]의 [PowerPoint]를 클릭하여 파워포인트를 실행한 후 '9_준비.pptx' 파일을 불러옵니다. '슬라이드 1'을 선택하고 이미지를 삽입하기 위해 [삽입] 탭의 [이미지] 그룹에서 [그림]-[온라인 그림]을 선택합니다.

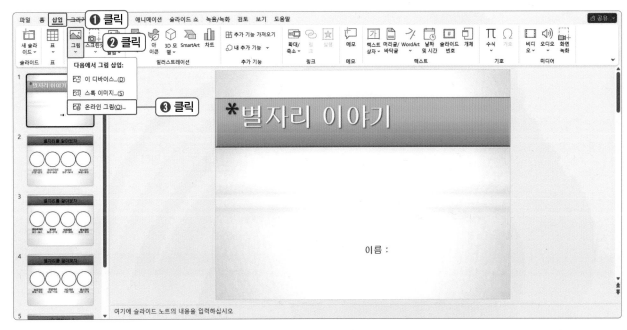

2 [온라인 그림] 창이 열리면 '별'을 검색한 후 원하는 이미지를 선택하고 [삽입]을 클릭합니다.

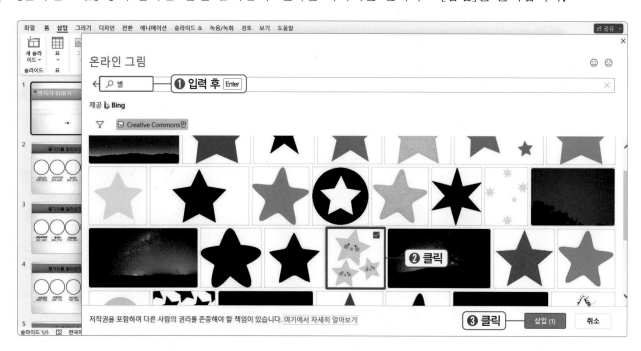

3 '별' 이미지의 크기와 위치를 정한 후 텍스트 상자의 '이름 :'을 클릭해 자신의 이름을 입력합니다.

4 '슬라이드 2'를 선택한 다음 '물병자리'의 [타원]을 선택합니다. 도형의 배경을 채우기 위해 [도형 서식] 탭의 [도형 스타일] 그룹에서 [도형 채우기]–[그림]을 선택합니다.

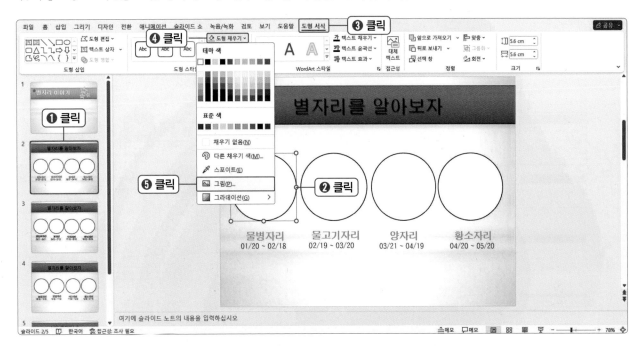

5 [그림 삽입] 창이 열리면 [파일에서]를 선택합니다.

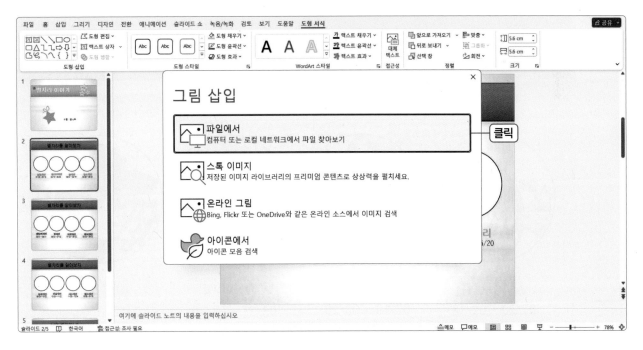

6 [그림 삽입] 창이 열리면 예제 폴더에서 '물병자리'를 선택하고 [삽입]을 클릭합니다.

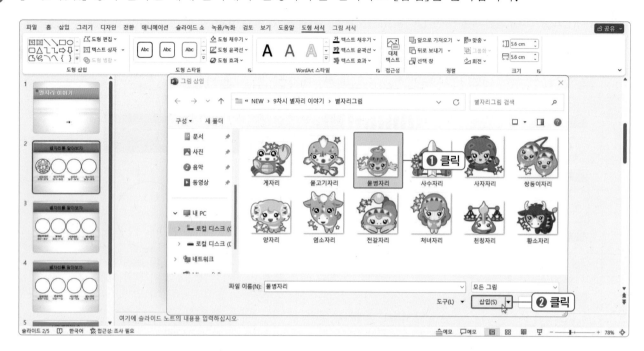

7 '물병자리'를 완성하고 '물고기자리', '양자리', '황소자리'의 [타원]에도 그림을 삽입합니다.

02 별자리 완성하기

1 '슬라이드 3'를 선택하고 '쌍둥이자리', '게자리', '사자자리', '처녀자리'의 [타원]에도 그림을 삽입합니다.

2 '슬라이드 4'를 선택하고 '천칭자리', '전갈자리', '사수자리', '염소자리'의 [타원]에도 그림을 삽입합니다.

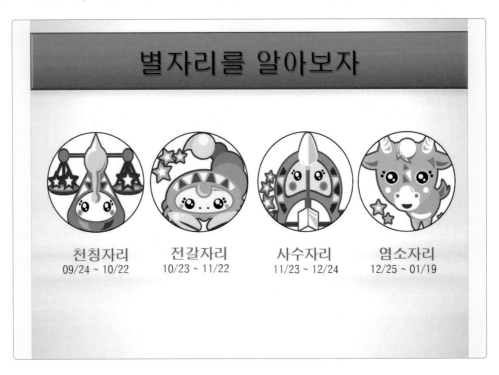

3 '슬라이드 2'~'슬라이드 4'에서 '내 생일'과 관련된 별자리를 찾습니다. '내 별자리'를 드래그해 선택한 다음 [홈] 탭의 [클립보드] 그룹에서 [복사]를 클릭합니다.

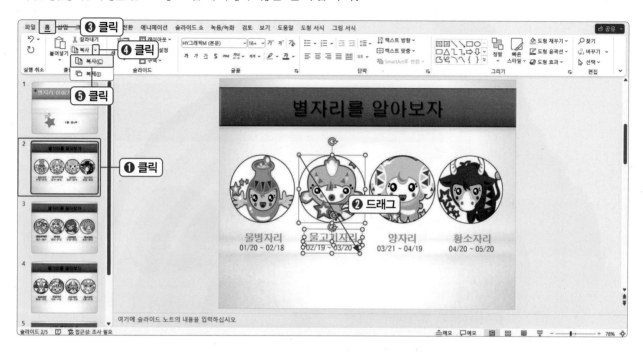

4 '슬라이드 5'를 선택한 다음 [홈] 탭의 [클립보드] 탭의 [붙여넣기]를 클릭합니다. 복사된 별자리의 위치를 정해 슬라이드를 완성합니다.

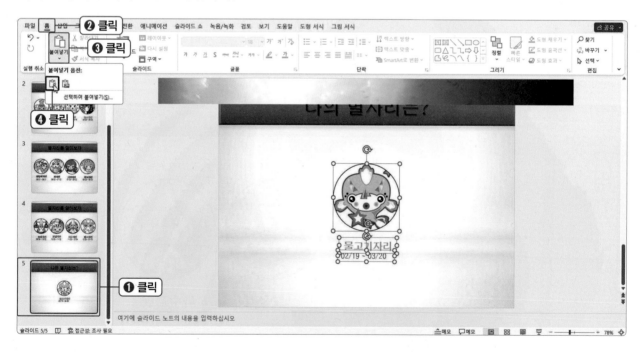

① 열두 마리 띠에 대한 동물 이야기를 만들고 나의 띠를 완성해 보세요.

▶ 준비 파일 : 9_혼자해보기1(준비).pptx   ▶ 완성 파일 : 9_혼자해보기1(완성).pptx

② 혈액형 이야기를 만들고 나의 혈액형을 완성해 보세요.

▶ 준비 파일 : 9_혼자해보기2(준비).pptx   ▶ 완성 파일 : 9_혼자해보기2(완성).pptx

10 여름 알아보기

파워포인트를 사용해서 여름에 볼 수 있는 과일, 채소, 꽃, 곤충의 이야기를 재미있게 만들어 볼까요.

 작품 완성

여름철 알아보기
여름철 과일 채소 꽃 곤충

여름이야기

과일 채소 꽃 곤충

여름 과일이야기

수박 참외 자두 복숭아

여름 채소이야기

옥수수 감자 오이 호박

준비파일: 10_준비.pptx
완성파일: 10_완성.pptx

문장 연습 다음 문장을 소리 내어 읽어본 후 입력해 보세요.

여름은 정말 더워요. 여름에는 해가 길고 날씨가 아주 따뜻해요.

나는 여름에 수영을 하고, 아이스크림을 먹는 것이 좋아요.

바다에 가면 시원한 바람이 불어요.

여름에는 많은 사람들이 휴가를 가요. 나도 가족과 함께 여행을 가고 싶어요.

여름에는 꽃들이 피고, 나무들이 푸르게 자라요.

여름에는 시원한 음료수를 마시며 더위를 피할 수 있어요.

여름은 신나는 계절이에요!

※ 알맞은 그림자를 찾아 ○표 해보세요.

01 이미지 삽입하기

1 [시작(■)] 클릭해 [모든 앱]의 [PowerPoint]를 클릭하여 파워포인트를 실행한 후 '10_준비. pptx' 파일을 불러옵니다. '슬라이드 2'를 선택한 다음 '과일' 도형 위에 있는 [그림 삽입(🖾)]을 클릭합니다.

알아두기

SmartArt

정보를 빠르고 쉽게 시각적으로 표현하기 위해 파워포인트에서 제공하는 그래픽 소스예요.
다양한 레이아웃 중에서 선택하여 메시지나 아이디어를 효과적으로 전달할 수 있어요.

2 [온라인 그림] 창이 열리면 '여름 과일'로 검색합니다. 검색된 이미지 중에서 원하는 이미지를 선택해 삽입합니다.

3 첫 번째 다이어그램에 '과일'과 관련된 내용이 채워진 후 같은 방법으로 '채소', '꽃', '곤충'과 관련된 이미지를 삽입하여 목차를 나타내는 '슬라이드 1'을 완성합니다.

02 과일과 채소, 꽃, 곤충 이미지 삽입하기

1 과일과 관련된 슬라이드의 내용을 만들기 위해 '슬라이드 3'을 선택하고 '수박' 위의 [그림 삽입(🖼)]을 클릭한 후 [온라인 그림] 창에서 검색해 그림을 삽입합니다. 나머지 '참외'와 '자두', '복숭아' 이미지도 삽입합니다.

2 채소와 관련된 슬라이드의 내용을 만들기 위해 '슬라이드 4'를 선택한 후 '옥수수'와 '감자', '오이', '호박'을 [온라인 그림] 창에서 검색해 그림을 삽입합니다.

3 꽃과 관련된 슬라이드의 내용을 만들기 위해 '슬라이드 5'를 선택한 후 '장미'와 '해바라기', '무궁화'를 [온라인 그림] 창에서 검색해 그림을 삽입합니다.

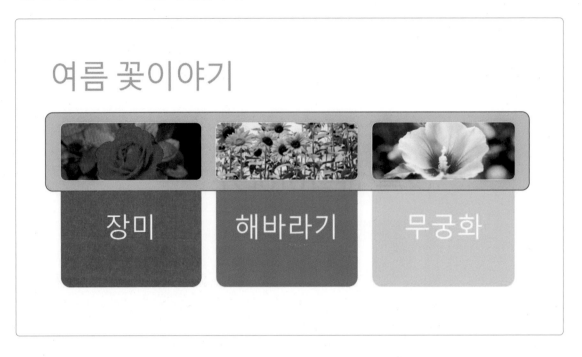

4 마지막으로 곤충과 관련된 슬라이드의 내용을 만들기 위해 '슬라이드 6'을 선택한 후 '메뚜기'와 '매미', '벌'을 [온라인 그림] 창에서 검색해 그림을 삽입합니다.

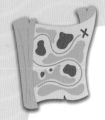

혼자해 보기

① 가을 알아보기를 완성해 보세요.

▶ 준비 파일 : 10_혼자해보기1(준비).pptx　▶ 완성 파일 : 10_혼자해보기1(완성).pptx

가을철 알아보기
가을철 과일 채소 꽃 곤충

가을이야기
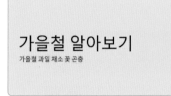
| 과일 | 채소 | 꽃 | 곤충 |

가을 과일이야기
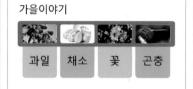
| 사과 | 배 | 감 | 귤 |

가을 채소이야기
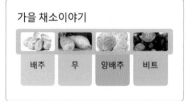
| 배추 | 무 | 양배추 | 비트 |

가을 꽃이야기

| 국화 | 코스모스 | 구절초 |

가을 곤충이야기

| 귀뚜라미 | 여치 | 잔자리 |

② 겨울 알아보기를 완성해 보세요.

▶ 준비 파일 : 10_혼자해보기2(준비).pptx　▶ 완성 파일 : 10_혼자해보기2(완성).pptx

겨울철 알아보기
겨울철 과일 채소 꽃 곤충

겨울이야기

| 과일 | 채소 | 꽃 |

겨울 과일이야기

| 귤 | 오렌지 | 석류 | 감 |

겨울 채소이야기

| 우엉 | 연근 | 생강 | 더덕 |

겨울 꽃이야기

| 동백꽃 | 수선화 | 선인장 |

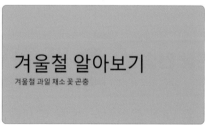

11 추천도서 목록

파워포인트의 SmartArt 기능을 사용해서 내가 추천하는 책 목록을 멋지게 만들어 볼까요.

⚙️ 작품 완성

 무지개 물고기

추천도서

 무지개 물고기

 강아지똥

 돼지책

 아낌없이 주는 나무

책 먹는 여우

준비 파일: 없음
완성 파일: 11_완성.pptx

 문장 연습 🏹 다음 문장을 소리 내어 읽어본 후 입력해 보세요.

오늘은 내가 좋아하는 추천 도서를 소개할게요.

첫 번째로 "호기심 많은 어린이"라는 책을 읽었어요.

이 책은 궁금한 것을 물어보는 아이가 주인공이에요.

두 번째는 "마법의 숲"이에요. 이 책은 마법과 모험이 가득한 이야기예요.

마지막으로 "친구를 도와주는 이야기"가 있어요.

이 책은 친구를 돕는 내용이어서 아주 재미있어요.

나는 이 책들이 너무 좋아서 매일 읽고 싶어요. 여러분도 이 책들을 읽어보세요.

정말 재미있어요!

IQ UP ※ 같은 그림 두 개를 찾아 ○표 해보세요.

01 도형 삽입하기

1 [시작( )]을 클릭해 [모든 앱]의 [PowerPoint]를 클릭하여 파워포인트를 실행한 후 [새로 만들기]–
[새 프레젠테이션]을 선택합니다. [홈] 탭의 [슬라이드] 그룹에서 [레이아웃]의 [빈 화면]을 클릭합니다.

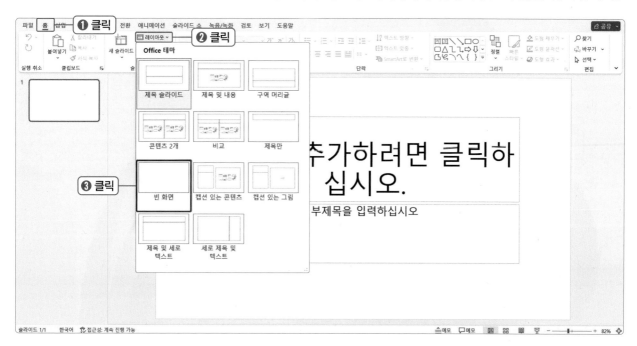

2 [삽입] 탭의 [일러스트레이션] 그룹에서 [도형]을 클릭한 후 [별 및 현수막]–[두루마리 모양: 가로로 말림(🗐)] 도형을 선택합니다. 슬라이드에 드래그해 도형을 그리고 '추천도서'라고 입력합니다.

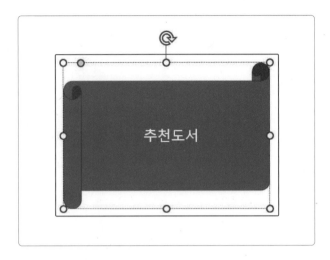

3 [도형 서식] 탭의 [도형 스타일] 그룹에서 [도형 채우기], [도형 윤곽선]을 각각 클릭한 후 원하는 색으로 바꿉니다. [홈] 탭의 [글꼴] 그룹에서 [글꼴], [글꼴 크기], [글꼴 색]을 바꾸어 제목을 완성합니다.

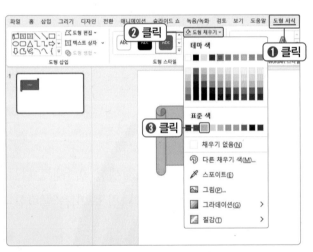

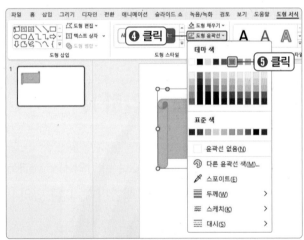

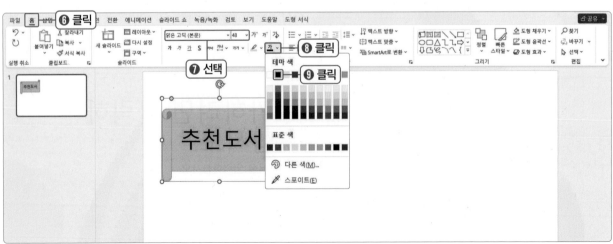

02 스마트아트 만들기

1 [삽입] 탭의 [일러스트레이션] 그룹에서 [SmartArt]–[목록형]–[세로 그림 강조 목록형]을 선택하고 슬라이드에 드래그해 그립니다.

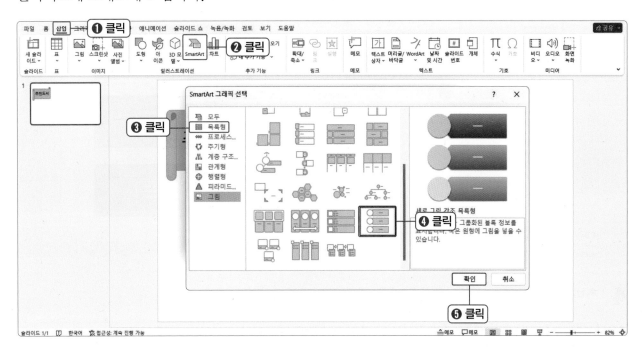

2 스마트아트 전체를 선택한 후 크기와 위치를 정합니다.

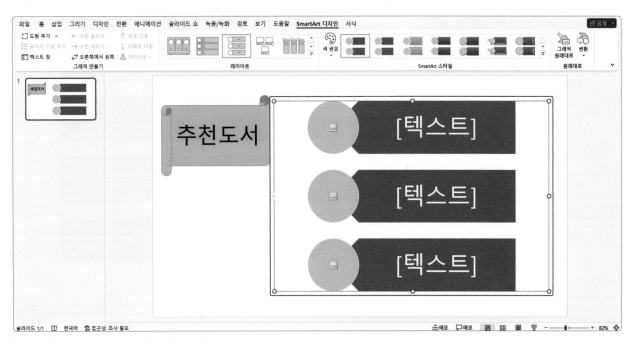

TIP '스마트아트' 다이어그램의 일부 도형만 잡고 드래그를 하면 그 도형만 움직여요.

3 [SmartArt 디자인] 탭의 [그래픽 만들기] 그룹에서 [도형 추가]-[뒤에 도형 추가]를 선택한 후 같은 방법으로 도형을 하나 더 추가해 다섯 개의 도형으로 만듭니다.

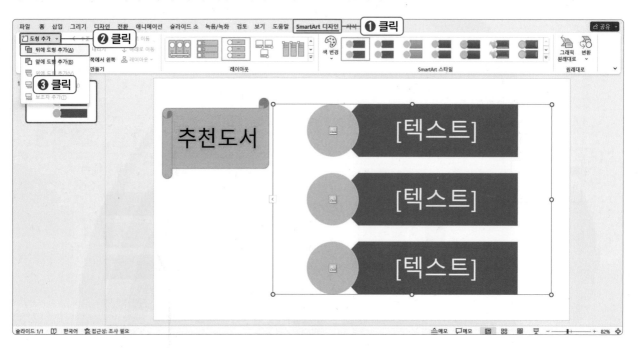

4 스마트아트의 [텍스트]를 클릭한 다음 내용을 입력합니다.

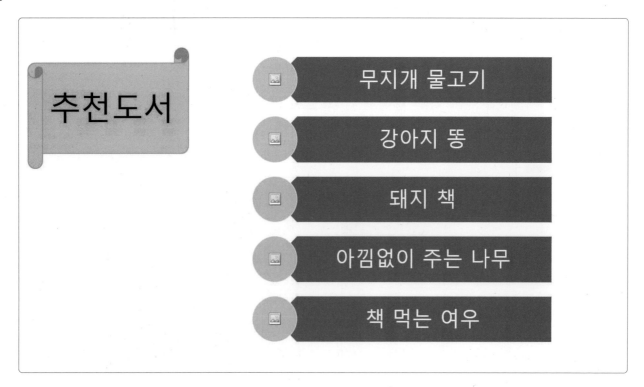

5 도형의 색을 바꾸기 위해 [SmartArt 디자인] 탭의 [SmartArt 스타일] 그룹에서 [색 변경]을 클릭해 '색상형 범위–강조색 4 또는 5'를 선택합니다.

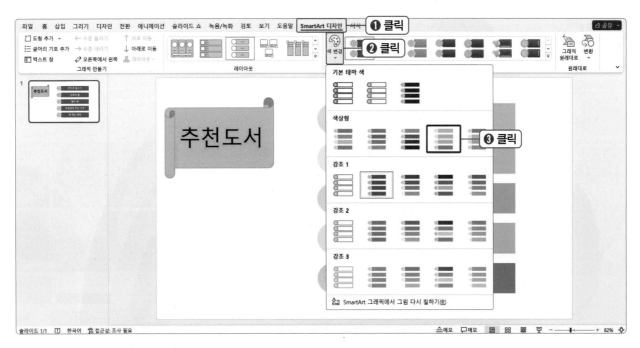

6 [홈] 탭의 [글꼴] 그룹에서 [글꼴 크기]를 '36'으로 선택하여 글자 크기를 변경합니다.

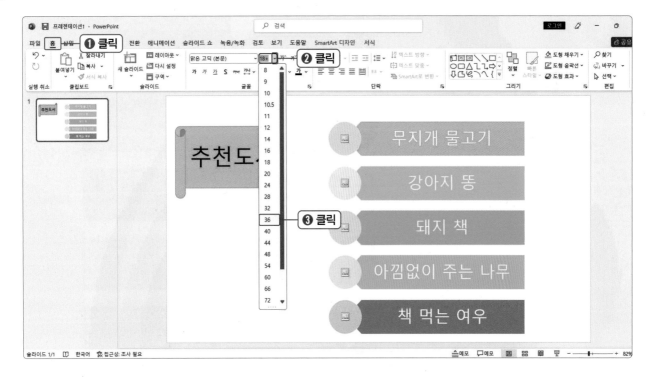

7 그림을 삽입하기 위해 스마트아트 도형에 있는 [그림 삽입(🖼)]을 클릭합니다. [온라인 그림] 창이 열리면 '동화 무지개 물고기'로 검색한 다음 원하는 이미지를 선택해 삽입합니다.

8 다른 도형에도 같은 방법으로 그림을 삽입하여 완성합니다.

혼자해보기

1 스마트아트를 사용해 내가 받고 싶은 선물 목록을 완성해 보세요.

▶ 준비 파일 : 없음   ▶ 완성 파일 : 11_혼자해보기1(완성).pptx

2 스마트아트를 사용해 나의 용돈 지출 목록을 완성해 보세요.

▶ 준비 파일 : 없음   ▶ 완성 파일 : 11_혼자해보기2(완성).pptx

12 크리스마스 트리 만들기

파워포인트의 도형을 사용해서 크리스마스 트리를 만들고 WordArt 기능과 온라인 그림으로 크리스마스 장식을 만들어 볼까요.

 작품 완성

 준비 파일: 없음
완성 파일: 12_완성.pptx

 다음 문장을 소리 내어 읽어본 후 입력해 보세요.

크리스마스 트리를 꾸미는 날이 되었어요.

나는 트리에 반짝이는 불빛을 달고 예쁜 장식을 붙였어요.

트리 위에는 큰 별을 올렸어요. 트리 아래에는 선물을 놓았어요. 트리가 정말 아름다워요.

가족과 함께 트리 주변에서 춤을 추거나 노래를 불러요.

크리스마스 트리는 행복한 마음을 주는 특별한 장식이에요.

나는 크리스마스가 기다려져요.

크리스마스 트리가 있으면 더 즐겁고 신나는 시간이 될 거예요!

IQ UP ※ 그림을 모두 그리고 색칠해 보세요.

01 크리스마스 트리 그리기

1 [시작(■)]을 클릭해 [모든 앱]의 [PowerPoint]를 클릭하여 파워포인트를 실행한 후 [새로 만들기]-[새 프레젠테이션]을 선택합니다. [홈] 탭의 [슬라이드] 그룹에서 [레이아웃]의 [빈 화면]을 클릭합니다.

2 [삽입] 탭의 [일러스트레이션] 그룹에서 [도형]을 클릭한 후 [사각형]-[직사각형(☐)]을 선택하고 슬라이드에 드래그해 도형을 그립니다.

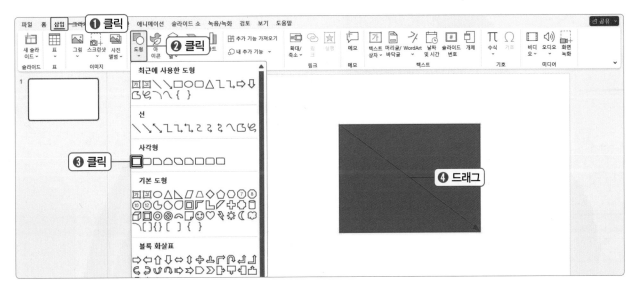

3 [도형 서식] 탭의 [도형 스타일] 그룹에서 [도형 채우기], [도형 윤곽선]을 각각 클릭한 후 원하는 색으로 바꿉니다.

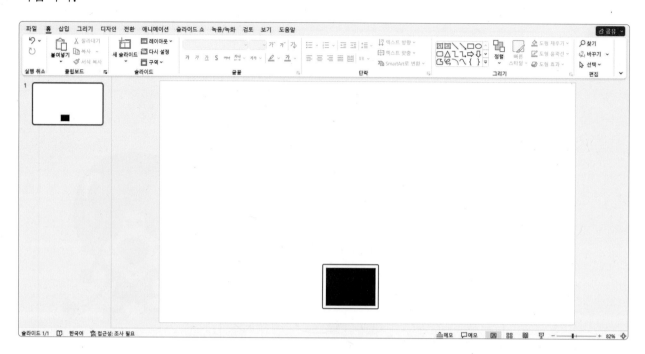

4 [삽입] 탭의 [일러스트레이션] 그룹에서 [도형]을 클릭한 후 [기본 도형]-[이등변 삼각형(△)]을 선택하고 슬라이드에 드래그해 도형을 그립니다.

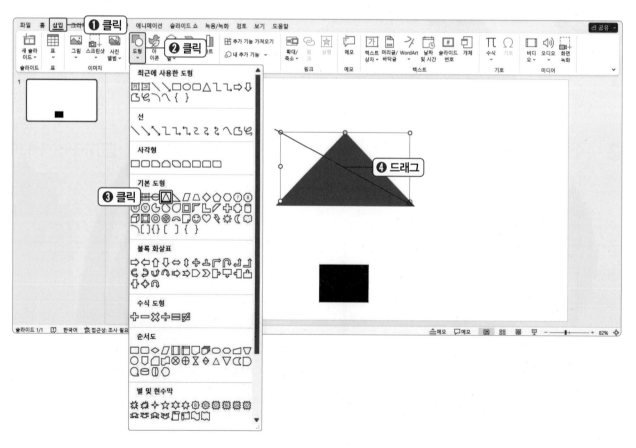

5 [도형 서식] 탭의 [도형 스타일] 그룹에서 [도형 채우기], [도형 윤곽선]을 각각 클릭한 후 원하는 색으로 바꿉니다.

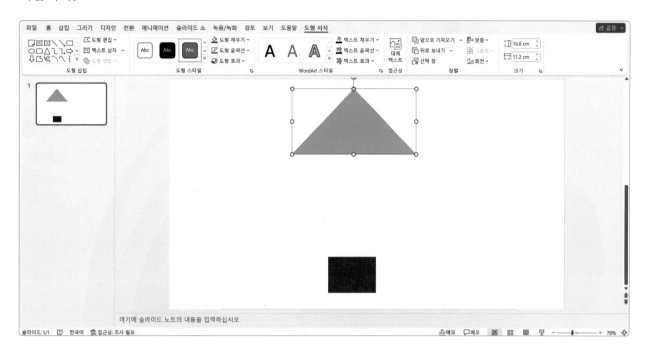

6 Ctrl + Shift 키를 누른 상태로 드래그해 삼각형을 세 개로 만듭니다.

7 복사된 도형의 크기를 각각 변경한 후 가운데 있는 '이등변 삼각형'을 선택합니다. [도형 서식] 탭의 [도형 스타일] 그룹에서 [도형 채우기]를 클릭해 원하는 색으로 변경합니다.

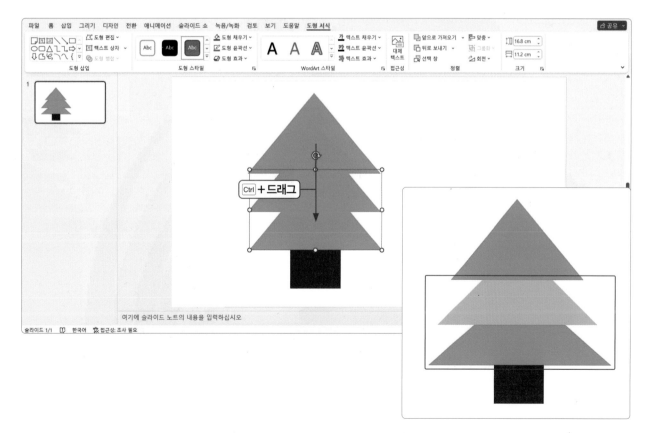

8 [별]–[별: 꼭짓점 5개(☆)]를 선택하고 슬라이드에 드래그해 도형을 그립니다

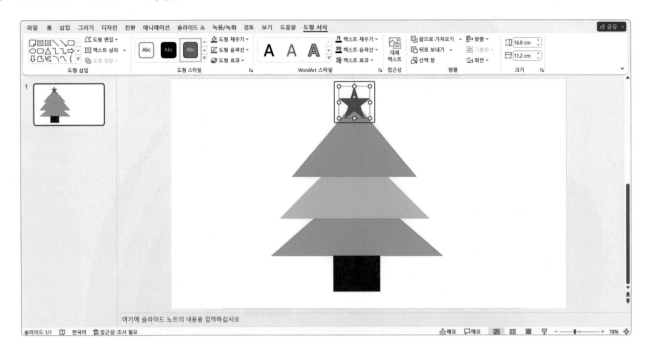

9 삽입한 별을 선택한 다음 [도형 채우기], [도형 윤곽선]을 각각 클릭한 후 원하는 색으로 바꿉니다.

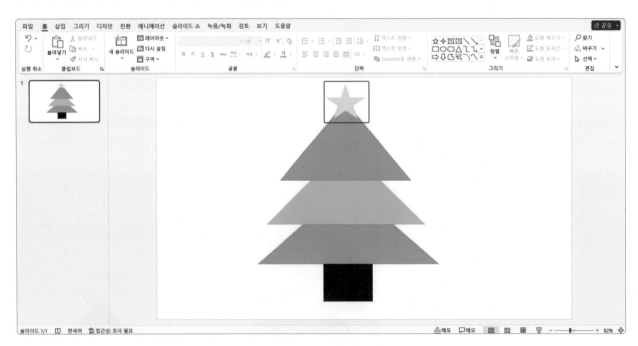

10 [삽입] 탭의 [텍스트] 그룹에서 [WordArt]을 클릭해 '채우기: 주황, 강조색 2 윤곽선: 주황, 강조색 2'를 선택한 후 'Merry Christmas'를 입력합니다.

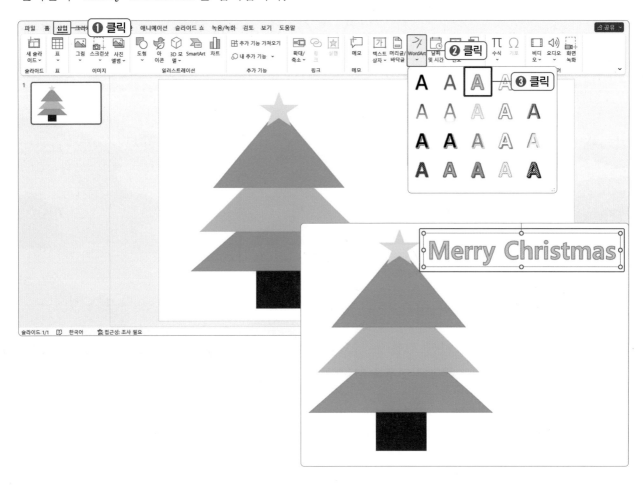

11 '크리스마스 트리' 도형을 모두 선택한 후 [도형 서식] 탭의 [정렬] 그룹에서 [그룹화]–[그룹]을 선택합니다.

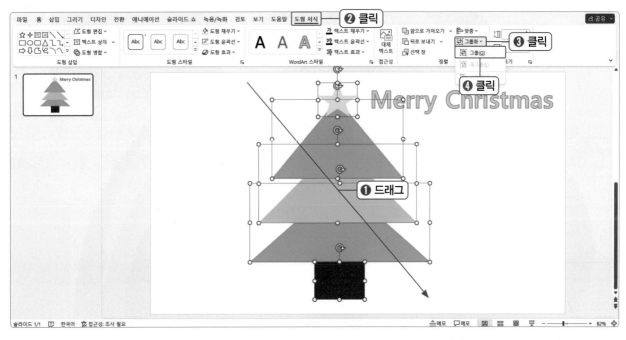

12 완성된 '크리스마스 트리'를 드래그해 원하는 위치로 이동합니다.

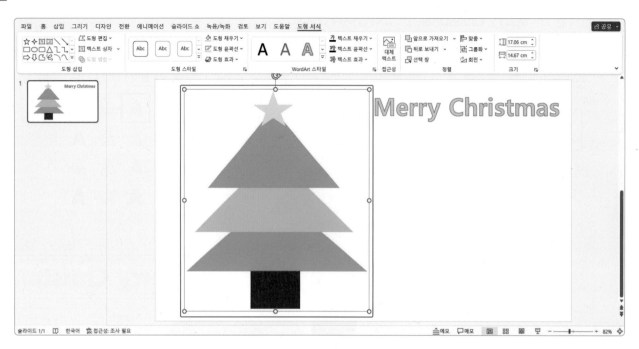

13 [삽입] 탭의 [일러스트레이션] 그룹에서 [도형]을 클릭한 후 [사각형]의 [사각형: 둥근 모서리(▢)]을 선택하고 슬라이드에 드래그해 도형을 그립니다.

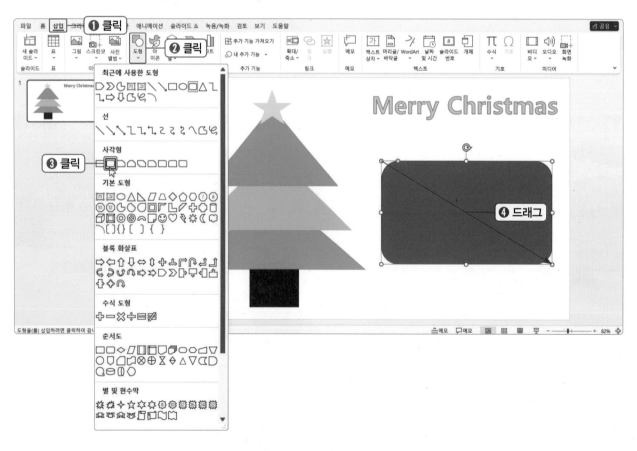

14 [도형 서식] 탭의 [도형 스타일] 그룹에서 [도형 채우기], [도형 윤곽선]을 각각 클릭한 후 원하는 색으로 바꿉니다.

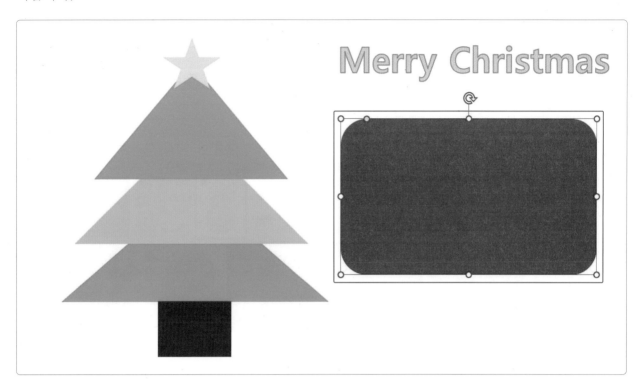

15 "가족과 함께 행복하고 따뜻한 크리스마스 보내세요"를 입력한 후 [홈] 탭의 [글꼴] 그룹에서 [글꼴], [글꼴 크기], [글꼴 색] 등을 클릭해 글자를 꾸며줍니다.

16 크리스마스 이미지를 삽입하기 위해 [삽입] 탭의 [이미지] 그룹에서 [그림]-[온라인 그림]을 선택합니다. [온라인 그림] 창이 열리면 '크리스마스 장식'으로 검색한 다음 원하는 이미지를 선택하고 [삽입]을 클릭합니다.

17 삽입한 이미지의 크기와 위치를 정한 후 같은 방법으로 크리스마스 장식과 관련된 이미지를 추가해 꾸며줍니다.

1 기차 여행 슬라이드를 완성해 보세요.

▶ 준비 파일 : 없음   ▶ 완성 파일 : 12_혼자해보기1(완성).pptx

기차 타고 Go Go !!

가족과 함께
기차 여행 가요~

2 자전거 타고 캠핑 여행 슬라이드를 완성해 보세요.

▶ 준비 파일 : 없음   ▶ 완성 파일 : 12_혼자해보기2(완성).pptx

캠핑 여행

가족과 함께 자전거 타고 캠핑가요

힌트
• 자전거–스톡 이미지–일러스트레이션–자전거   • 텐트–온라인 그림

13 이모티콘 만들기

이모티콘은 기분이나 생각을 표현할 때 사용하는 그림이에요. 이번에는 한글의 특수문자를 사용해서 나만의 재미있는 이모티콘을 만들어 볼까요.

작품 완성

준비 파일 : 13_준비.hwp
완성 파일 : 13_완성.hwp

문장 연습  다음 문장을 소리 내어 읽어본 후 입력해 보세요.

나는 이모티콘을 좋아해요. 이모티콘은 재미있고 귀여워요.

얼굴 모양이나 손 모양을 그릴 수 있어요. 웃는 얼굴, 슬픈 얼굴, 사랑하는 마음 같은 이모티콘이 있어요. 친구에게 메시지를 보낼 때 이모티콘을 사용하면 기분이 더 좋아요.

나는 친구와 이야기할 때 이모티콘을 많이 써요. 이모티콘은 감정을 쉽게 표현할 수 있어 좋아요. 다음에는 새로운 이모티콘을 찾아서 더 재미있게 쓸 거예요!

01 문자표 입력하기

1 [시작(■)]을 클릭해 [모든 앱]에서 한글을 실행한 후 [파일] 메뉴에서 [불러오기]를 클릭해 '13_준비. hwp' 파일을 불러옵니다.

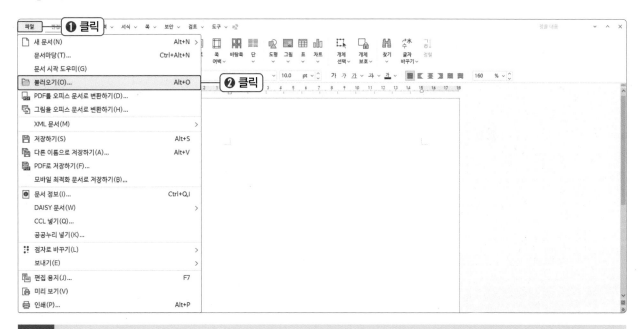

TIP [서식 도구 상자]에서 [불러오기(📁)]로 파일을 열 수 있어요.

2 문자를 입력할 부분을 클릭해 커서를 위치한 다음 [입력] 메뉴의 [문자표(※)]를 선택합니다.

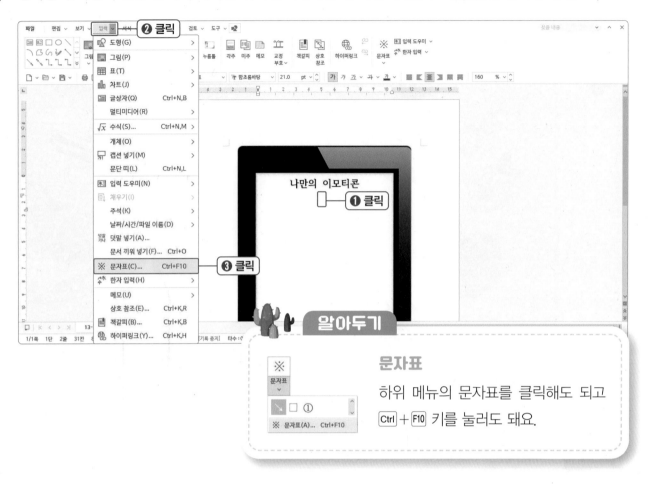

3 [문자표] 창이 열리면 원하는 문자표를 더블클릭해서 선택합니다. 이렇게 하면 [입력 문자]에 선택한 문자가 표시되는데 원하는 문자표를 모두 선택했으면 [넣기]를 클릭합니다.

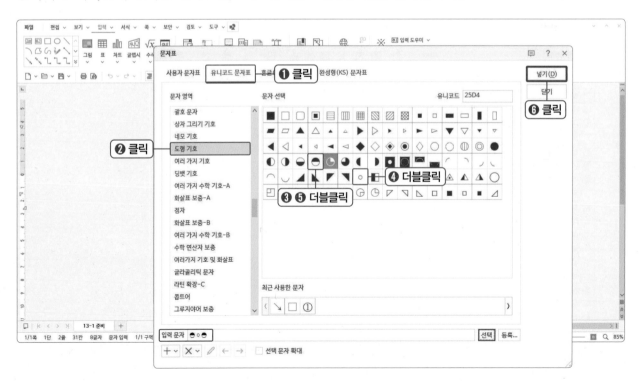

4 내가 [문자표]에서 선택한 문자가 핸드폰 이미지에 입력됩니다.

5 같은 방법으로 원하는 문자를 삽입해 봅니다.

- ● ○ ● : [유니코드 문자표] 탭–도형 기호
- ☀ ☁ ☂ ♨ : [유니코드 문자표] 탭–여러가지 기호
- ☺ ☻ ☹ : [유니코드 문자표] 탭–여러가지 기호
- ' ○ ' : [유니코드 문자표] 탭–딩뱃 기호
- ▲ ▼ ▲ : [유니코드 문자표] 탭–도형 기호
- ♪ ♪♫♬ : [유니코드 문자표] 탭–여러가지 기호
- ✾ ✽ ✿ ❀ ❁ : [유니코드 문자표] 탭–딩뱃 기호
- ⋈ ⅄ ⋈ : [유니코드 문자표] 탭–문자 인식(OCR) 기호
- ⚾ ✐ ✊ : [한글(HNC) 문자표] 탭–기타 기호
- ♡ □ ♡ ♥ ¡ ♥ : [한글(HNC) 문자표] 탭–전각 기호(일반)

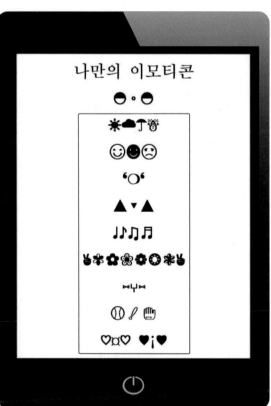

6 '나만의 이모티콘' 텍스트를 드래그하여 블록으로 지정한 다음 [서식 도구 상자]의 [글꼴]을 클릭합니다. 글꼴 목록이 표시되면 원하는 글꼴을 선택합니다.

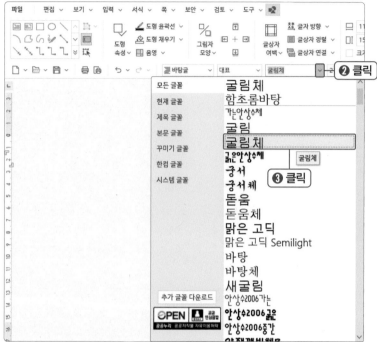

7 블록이 지정된 상태에서 [글꼴 색]을 클릭한 다음 원하는 색을 클릭합니다. 선택한 색상으로 글자색이 바뀝니다. 블록이 지정된 상태에서 [글자 크기]를 클릭해 원하는 크기로 바꾸어 줍니다.

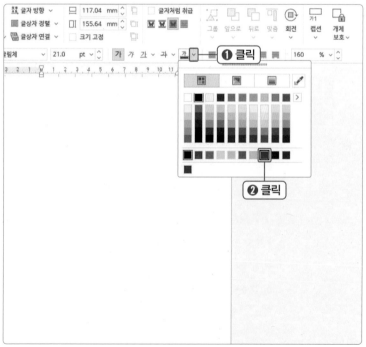

8 [파일] 메뉴의 [다른 이름으로 저장하기]를 클릭해 [다른 이름으로 저장하기] 창이 열리면 파일을 저장할 폴더를 선택한 후 파일 이름을 입력하고 [저장]을 클릭합니다.

① **문자표를 이용하여 이모티콘을 완성해 보세요.**

▶ 준비 파일 : 13_혼자해보기1(준비).hwp   ▶ 완성 파일 : 13_혼자해보기1(완성).hwp

표정 이모티콘 만들기

(웃는 얼굴) - ●‿●

(웃는 얼굴) - ⌒○⌒

(놀란 얼굴) - ◉◇◉

(슬픈 얼굴) - ⌒⌒

힌트
- ●‿● : [유니코드 문자표] 탭–도형 기호
- ⌒○⌒ : [유니코드 문자표] 탭–도형 기호
- ◉◇◉ : [유니코드 문자표] 탭–도형 기호
- ⌒⌒ : [유니코드 문자표] 탭–도형 기호

② **문자표를 이용하여 이모티콘을 사용해 편지를 써 보세요.**

▶ 준비 파일 : 없음   ▶ 완성 파일 : 13_혼자해보기2(완성).hwp

✍ 이모티콘으로 편지쓰기 ❤

❀ 친구야 안녕 ✿˘‿˘✿

✿ 생일 축하해 ✦‿✦

✪ 만나서 반가워 ◖‿◗

✸ 잘 지내지 ✪‿✪

✾ 고마워 '‿'✿

힌트
- ✦✿✪◖✸✾✦❤ : [유니코드 문자표] –딩뱃기호
- ‿◖ : [유니코드 문자표] 탭–도형 기호
- ˘ : [사용자 문자표] 탭–기호2
- ' : [유니코드 문자표] 탭–라틴어

14 간식 준비하기

한글의 그리기 마당 기능을 사용해서 빈 접시에 내가 좋아하는 간식을 재미있게 채워 볼까요.

 작품 완성

 준비 파일 8 14_준비.hwp
완성 파일 8 14_완성.hwp

 **다음 문장을 소리 내어 읽어본 후 입력해 보세요.**

오늘 나는 간식을 준비할 거예요. 먼저 과일을 씻어서 잘라요.

사과와 바나나를 준비했어요. 그런 다음 빵을 구워서 버터를 발라요.

맛있는 초콜릿도 준비해요. 나는 간식을 먹을 때 우유도 함께 마셔요.

간식이 준비되었어요! 이제 친구들과 함께 나누어 먹을 거예요.

간식을 먹으면서 재미있는 이야기도 나눠요. 간식 준비는 정말 재미있어요.

다 같이 맛있게 먹으면 더 행복해요!

01 간식 넣기

1 [시작(▦)]을 클릭해 [모든 앱]에서 한글을 실행한 후 [파일] 메뉴에서 [불러오기]를 클릭해 '14_준비.
hwp' 파일을 불러옵니다. [입력] 메뉴에서 ✓를 클릭한 후 [그림]–[그리기마당]을 선택합니다.

2 [그리기마당] 창이 열리면 [클립아트 다운로드]를 클릭합니다.

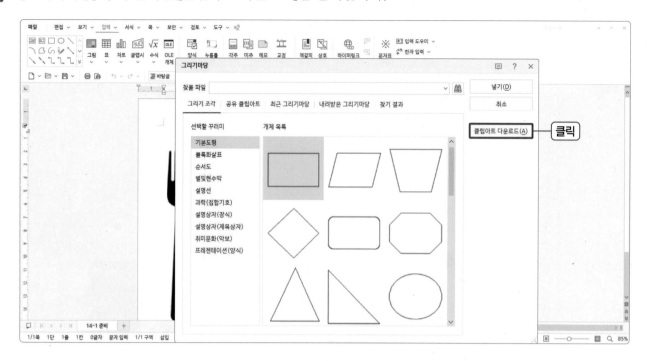

3 [한컴 에셋] 창이 열리면 [클립아트] 탭을 선택한 다음 '피자'를 입력하고 Enter 키를 누릅니다. 입력한 단어와 관련된 그림이 표시되면 삽입할 이미지를 선택한 다음 [내려받기(⬇)]를 클릭한 후 창의 오른쪽 위에 있는 [닫기(✕)]를 클릭합니다.

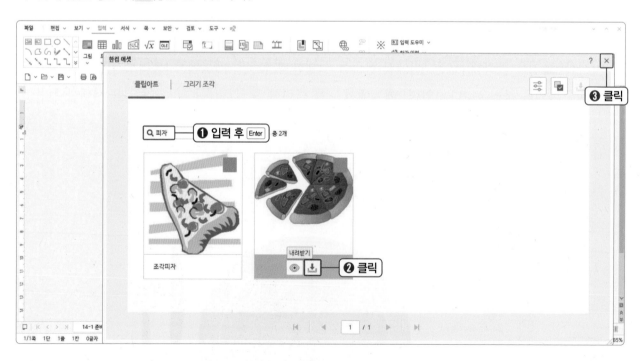

4 다운로드가 완료되면 [그리기마당] 창에서 내려 받은 그림을 선택한 다음 [넣기]를 클릭합니다.

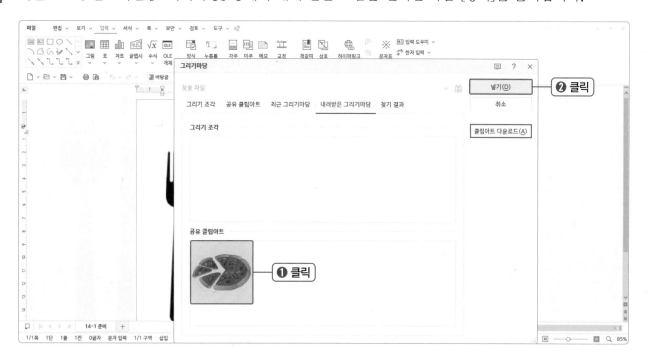

5 화면의 빈 곳을 클릭하여 이미지를 넣은 후 크기를 정하고 원하는 위치로 드래그해 이동합니다.

TIP 이미지의 크기는 이미지에 나타나는 조절점을 드래그하여 크기를 줄이고 늘릴 수 있어요. 또 하나는 이미지를 선택한 후 마우스 오른쪽 버튼을 클릭한 후 [개체 속성]-[그림]-[확대/축소 비율]에서 크기를 비율로 정할 수 있어요.

6 같은 방법으로 '김밥', '계란프라이', '떡볶이', '붕어빵', '아이스크림', '사과파이', '샌드위치', '도넛', '우유', '콜라', '통닭' 등의 간식을 삽입한 후 접시 위에 올려 꾸며줍니다.

7 '김밥'을 클릭한 후 [회전]–[좌우 대칭]을 클릭해 김밥의 모양을 바꾸고 다른 간식도 원하는 방향으로 바꿔 봅니다.

① 그리기 마당을 사용해서 냉장고에 넣고 싶은 것을 넣어 보세요.

▶ 준비 파일 : 14_혼자해보기1(준비).hwp   ▶ 완성 파일 : 14_혼자해보기1(완성).hwp

힌트
사과, 수박, 바나나, 멜론, 복숭아, 딸기, 우유, 콜라, 주스, 사과파이, 녹차라떼 등

② 그리기 마당을 사용해서 장식장에 넣고 싶은 것을 넣어 보세요.

▶ 준비 파일 : 14_혼자해보기2(준비).hwp   ▶ 완성 파일 : 14_혼자해보기2(완성).hwp

힌트
책, 꽃, 노트 등

15 내 방 꾸미기

한글의 글맵시 기능을 사용해 '내 방 꾸미기'라고 적어보고, 그리기 마당을 사용해서 내 방에 가구를 넣어 멋지게 꾸며 볼까요.

 작품 완성

준비 파일 : 없음
완성 파일 : 15_완성.hwp

 문장 연습 **다음 문장을 소리 내어 읽어본 후 입력해 보세요.**

오늘 나는 내 방을 꾸미기로 했어요. 먼저 벽에 예쁜 포스터를 붙였어요.

포스터에는 내가 좋아하는 동물들이 있어요. 다음으로 책상 위에 꽃과 작은 인형을 놓았어요.

인형은 내 친구 같아요. 창문 옆에는 화분을 놓고 예쁜 꽃을 심었어요.

바닥에는 부드러운 카펫을 깔았어요. 방 안이 밝고 따뜻해 보여요.

이제 나는 내 방에서 책을 읽거나 음악을 들을 수 있어요.

내 방은 내가 가장 좋아하는 장소가 되었어요!

※ 물음표에 알맞은 그림을 찾아보세요.

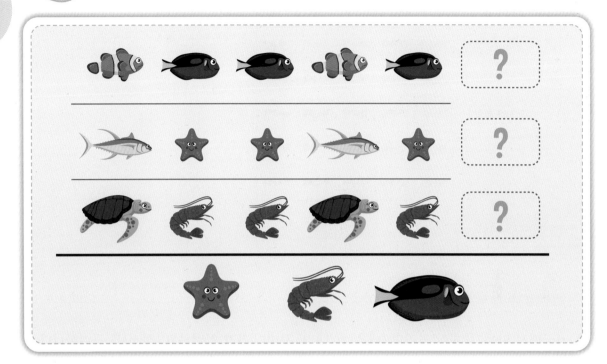

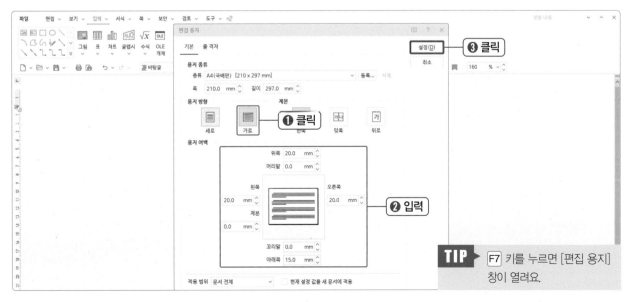

01 글맵시 넣기

1 [시작(▦)]을 클릭해 [모든 앱]에서 한글을 실행한 후 [새 문서]를 클릭합니다. [쪽] 메뉴의 [편집 용지]를 클릭하여 [편집 용지] 창이 열리면 [용지 방향]에서 '가로'를 선택합니다. [용지 여백]의 [머리말], [꼬리말]에 '0'을 입력하고 [위쪽], [왼쪽], [오른쪽]에 '20', [아래쪽]에는 '15'를 입력한 후 [설정]을 클릭합니다.

TIP F7 키를 누르면 [편집 용지] 창이 열려요.

2 글맵시를 넣기 위해 [입력] 메뉴의 [글맵시]를 클릭하고 원하는 모양을 선택합니다.

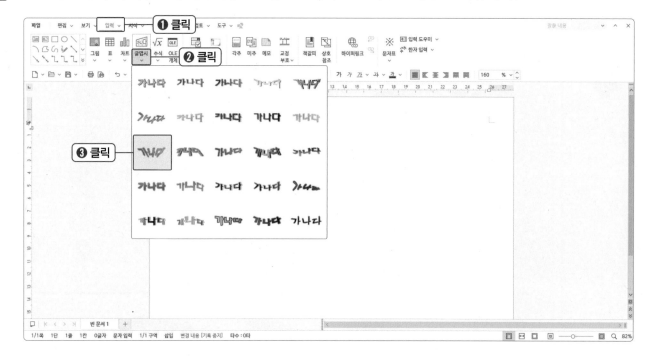

3 [글맵시 만들기] 창이 열리면 [내용]에 '내 방 꾸미기'라고 입력하고 [설정]을 클릭합니다.

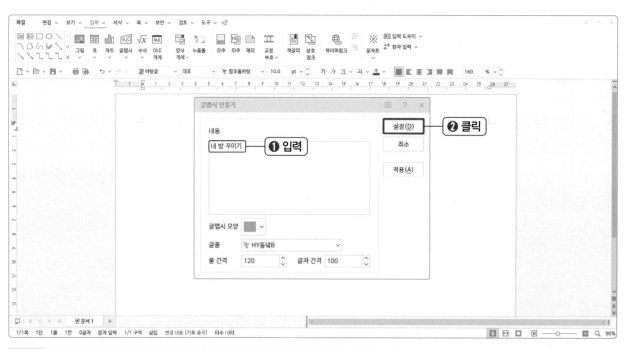

TIP ▶ [도구 상자]의 아이콘을 바로 클릭하면 [글맵시 만들기] 창이 바로 떠요. 내가 원하는 메뉴를 선택한 다음 쓰고 싶다면 아이콘 아래에 있는 ⌄를 클릭해요.

4 글맵시가 만들어지면 면 [글맵시 도구 상자]에서 [가로(□)]에 '90', [세로(▯)]에 '30'을 입력한 후 '글자처럼 취급'을 선택합니다.

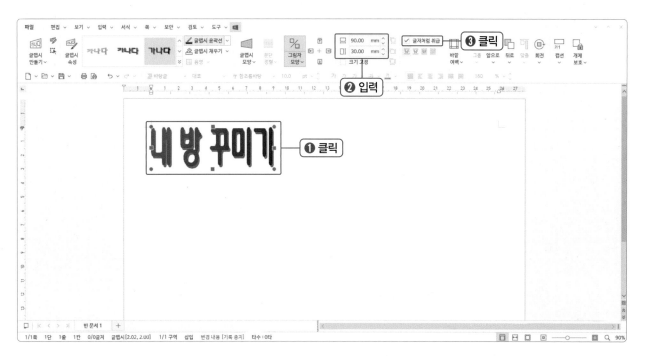

5 선택을 해제한 후 [서식 도구 상자]에서 [가운데 정렬(▤)]을 클릭하여 글맵시를 가운데로 보냅니다.

02 그리기마당으로 꾸미기

1 [입력] 메뉴에서 ⌄를 클릭한 후 [그림]-[그리기마당]을 선택합니다.

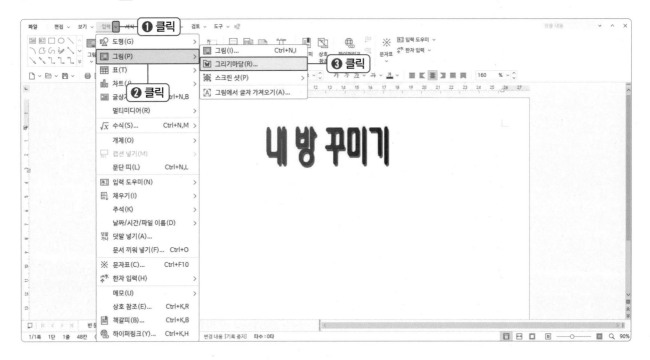

2 [그리기마당] 창이 열리면 [클립아트 다운로드]를 클릭합니다.

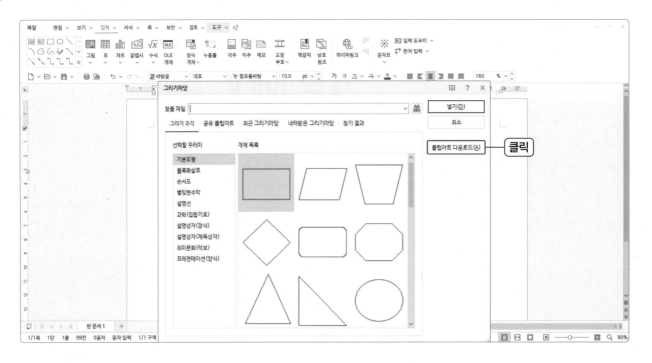

3 [한컴 애셋] 창이 열리면 [클립아트] 탭을 선택한 다음 '책장'을 입력하고 Enter 키를 누릅니다.

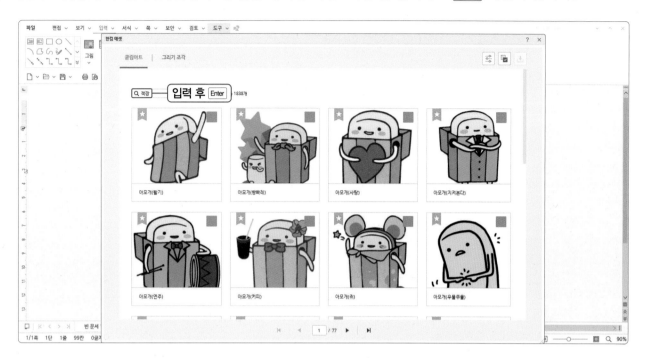

4 입력한 단어와 관련된 그림이 표시되면 삽입할 이미지를 선택한 다음 [내려받기(⬇)]를 클릭한 후 창의 [닫기(×)]를 클릭합니다.

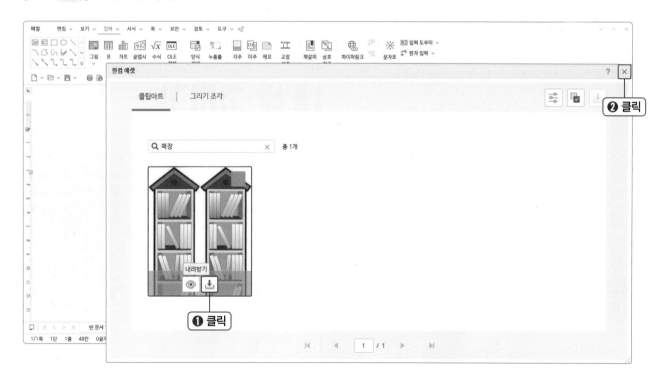

5 다운로드가 완료되면 [그리기마당] 창에서 내려 받은 그림을 선택한 다음 [넣기]를 클릭합니다. 화면의 빈 곳을 클릭하여 이미지를 넣은 후 크기와 위치를 정합니다.

6 [그리기마당]을 사용해 내 방에 어울리는 가구를 더 검색한 후 다운로드합니다. 다운로드한 그림을 삽입하고 크기와 위치를 정하여 내 방 꾸미기를 완성합니다.

TIP 예제에서는 책장, 침대, 책상, 장롱, 수납장, 거실장, 장식장, 의자, 기차, 피아노, 문갑, 소파 등으로 방을 꾸몄어요.

혼자해보기

1 어항에 내가 좋아하는 물고기 그림을 삽입하고 글자도 꾸며보세요.

▶ 준비 파일 : 15_혼자해보기1(준비).hwp ▶ 완성 파일 : 15_혼자해보기1(완성).hwp

힌트
물고기, 해초, 불가사리, 산호 등

2 도로에 자동차 그림을 삽입하고 글자도 꾸며보세요.

▶ 준비 파일 : 15_혼자해보기2(준비).hwp ▶ 완성 파일 : 15_혼자해보기2(완성).hwp

힌트
자동차, 승용차, 경찰차, 구급차, 승합차

한글의 글맵시와 그리기 마당을 사용해서 내가 좋아하는 동화 이야기의 제목을 예쁘게 꾸며 볼까요.

 작품 완성

동화이야기

준비 파일 : 16_준비.hwp
완성 파일 : 16_완성.hwp

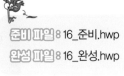 문장 연습 **다음 문장을 소리 내어 읽어본 후 입력해 보세요.**

옛날 옛날에 작은 마을에 착한 소녀가 살았어요. 소녀는 항상 다른 사람을 도왔어요.

어느 날 소녀는 숲속에서 길을 잃은 작은 동물을 만났어요.

동물은 소녀에게 "집을 찾아주세요"라고 말했어요.

소녀는 동물을 돕기로 결심하고 숲속을 돌아다녔어요.

드디어 동물의 집을 찾아서 동물을 집으로 데려다줬어요.

동물은 소녀에게 고마워하며 소원을 하나를 빌어보라고 했어요.

소녀는 행복하게 마을로 돌아갔어요.

그 후로 소녀는 마을에서 가장 사랑받는 사람이 되었답니다.

※ 두 개의 그림에서 서로 다른 부분을 찾아 ○표 해보세요.

01 동화 그림 넣기

1 [시작(▦)]을 클릭해 [모든 앱]에서 한글을 실행한 후 [파일] 메뉴에서 [불러오기]를 클릭해 '16_준비. hwp' 파일을 불러옵니다.

2 [입력] 메뉴에서 ☑를 클릭한 후 [그림]−[그리기 마당]을 선택합니다. [그리기마당] 창이 열리면 [클립 아트 다운로드]를 클릭합니다.

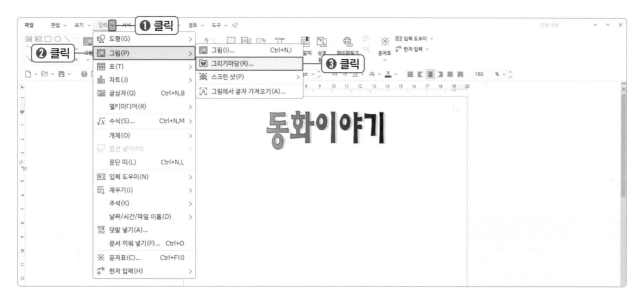

3 [한컴 에셋] 창이 열리면 [클립아트] 탭을 선택한 다음 '청개구리'를 입력하고 Enter 키를 누릅니다. 입력한 단어와 관련된 그림이 표시되면 삽입할 이미지를 선택한 다음 [내려받기(🔅)]를 클릭한 후 창의 오른쪽 위에 있는 [닫기(×)]를 클릭합니다.

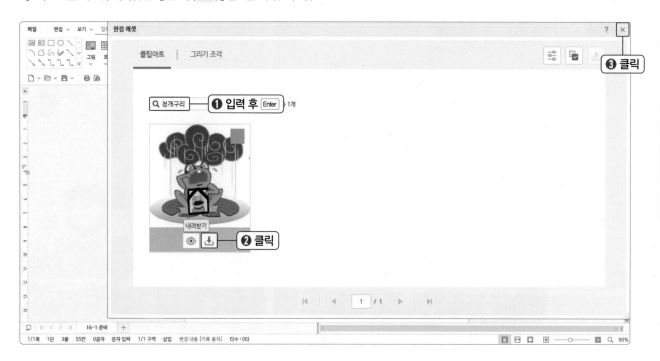

4 다운로드가 완료되면 [그리기마당] 창에서 내려 받은 그림을 선택한 다음 [넣기]를 클릭합니다. 화면의 빈 곳을 클릭하여 이미지를 넣은 후 크기와 위치를 정합니다.

02 글맵시 넣기

1 이미지에 맞는 제목을 입력하기 위해 [입력] 메뉴의 [글맵시]를 클릭하고 원하는 모양을 선택합니다.

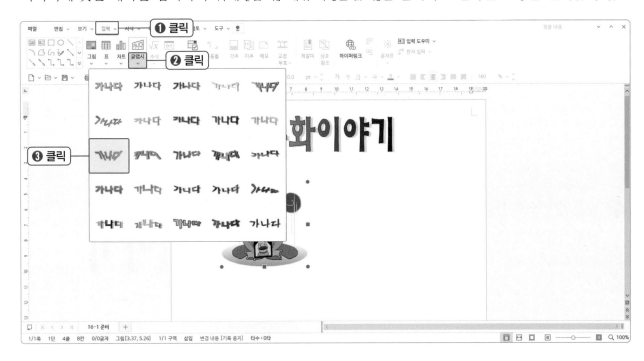

2 [글맵시 만들기] 창이 열리면 [내용]에 '청개구리'를 입력하고 [설정]을 클릭합니다.

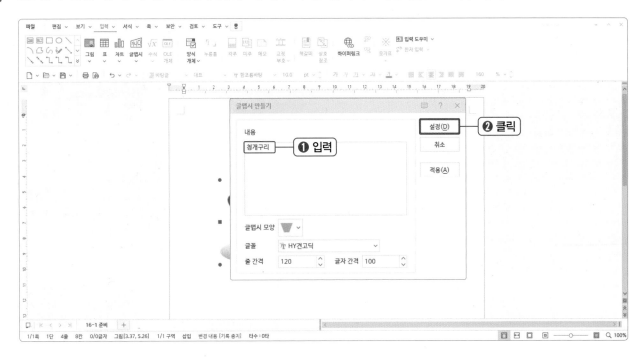

3 글맵시가 만들어지면 크기와 위치를
정하여 이동합니다.

4 같은 방법으로 동화와 관련된 그림과
글맵시를 넣어 꾸며줍니다.

TIP 예제에서는 '별주부전', '혹부리 영감', '흥부와 놀부'의 내용으로 꾸몄어요.

혼자해보기

① 옛날부터 전해오는 재미있는 전래동화로 이미지와 제목을 넣어 꾸며보세요.

▶ 준비 파일 : 16_혼자해보기1(준비).hwp ▶ 완성 파일 : 16_혼자해보기1(완성).hwp

② 우리 고유의 민속놀이로 이미지와 제목을 넣어 꾸며보세요.

▶ 준비 파일 : 16_혼자해보기2(준비).hwp ▶ 완성 파일 : 16_혼자해보기2(완성).hwp

17 캐릭터 옷 입히기

한글의 그리기 마당에서 아이템을 다운받아 남자 캐릭터와 여자 캐릭터를 꾸며볼 거예요. 옷, 신발, 가방 등을 골라서 멋지게 입혀 볼까요.

 작품 완성

준비 파일 § 17_준비.hwp
완성 파일 § 17_완성.hwp

 다음 문장을 소리 내어 읽어본 후 입력해 보세요.

오늘은 캐릭터 옷 입히기를 해요. 먼저 나만의 캐릭터를 고르세요.

그다음 캐릭터에게 멋진 옷을 입혀요. 예쁜 드레스나 멋진 운동복을 입힐 수 있어요.

캐릭터에게 모자, 신발도 입힐 수 있어요. 캐릭터가 어떤 옷을 입으면 좋을지 생각해 보세요.

나는 캐릭터가 따뜻한 코트를 입었으면 좋겠어요. 캐릭터가 멋지게 변신할 거예요.

옷을 다 입히고 나면 사진을 찍어서 친구들에게 보여주세요.

캐릭터 옷 입히기는 정말 재미있어요!

IQ UP ※ 정글에 숨어 있는 오른쪽의 동물을 찾아 ○표 해보세요.

01 남자 캐릭터 옷 입히기

1 [시작(▦)]을 클릭해 [모든 앱]에서 한글을 실행한 후 [파일] 메뉴에서 [불러오기]를 클릭해 '17_준비. hwp' 파일을 불러옵니다. [입력] 메뉴에서 ⌄를 클릭한 후 [그림]–[그리기 마당]을 선택합니다.

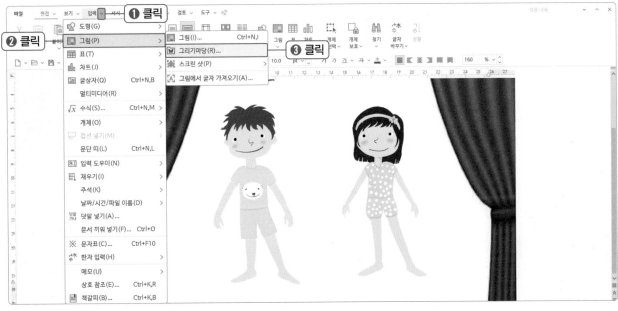

2 [그리기마당] 창이 열리면 [클립아트 다운로드]를 클릭합니다. [한컴 에셋] 창이 열리면 [클립아트] 탭을 선택한 다음 '티셔츠'를 입력하고 Enter 키를 누릅니다. 입력한 단어와 관련된 그림이 표시되면 삽입할 이미지를 선택한 다음 [내려받기( )]를 클릭한 후 창의 오른쪽 위에 있는 [닫기(×)]를 클릭합니다.

3 다운로드가 완료되면 [그리기마당] 창에서 내려 받은 그림을 선택한 다음 [넣기]를 클릭합니다. 화면의 빈 곳을 클릭하여 이미지를 넣은 후 크기와 위치를 정합니다. 같은 방법으로 '바지'와 '가방', '샌들', '시계' 등을 추가해 캐릭터를 꾸며줍니다.

02 여자 캐릭터 옷 입히기

1 여자 캐릭터에 옷을 입히기 위해 [입력] 메뉴에서 ▽를 클릭한 후 [그림]−[그리기 마당]을 선택합니다.
[그리기마당] 창이 열리면 [클립아트 다운로드]를 클릭합니다.

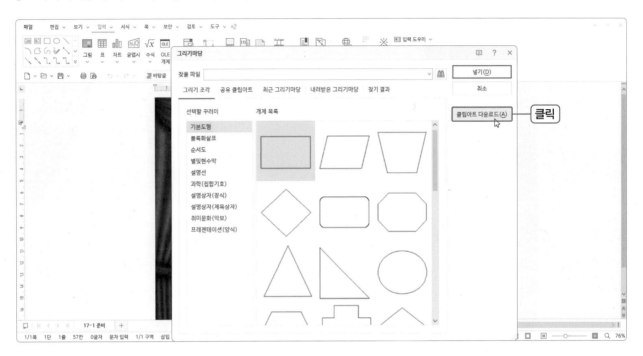

2 [한컴 에셋] 창이 열리면 [클립아트] 탭을 선택한 다음 '여자상의'를 입력하고 Enter 키를 누릅니다.
입력한 단어와 관련된 그림이 표시되면 삽입할 이미지를 선택한 다음 [내려받기(🔽)]를 클릭한 후
창의 오른쪽 위에 있는 [닫기(×)]를 클릭합니다.

3 다운로드가 완료되면 [그리기마당] 창에서 내려 받은 그림을 선택한 다음 [넣기]를 클릭합니다. 화면의 빈 곳을 클릭하여 이미지를 넣은 후 크기와 위치를 정합니다.

4 같은 방법으로 '미니스커트', '가방', '샌들' 등을 추가해 캐릭터를 꾸며주고 완성합니다.

❶ **내가 좋아하는 꽃과 나무들을 선택하여 정원을 아름답게 꾸며 보세요.**

▶ 준비 파일 : 17_혼자해보기1(준비).hwp   ▶ 완성 파일 : 17_혼자해보기1(완성).hwp

힌트

상록수, 풀꽃, 양귀비, 참나리, 민들레, 할미꽃, 강아지풀, 담쟁이덩굴, 둥굴레, 새싹, 장수하늘소, 잠자리, 나비, 메뚜기

❷ **우리 교실을 재미있게 꾸며 보세요.**

▶ 준비 파일 : 17_혼자해보기2(준비).hwp
▶ 완성 파일 : 17_혼자해보기2(완성).hwp

18 잠시 주차 중 만들기

한글의 글맵시 기능을 사용해서 '잠시주차중' 스티커를 꾸며볼 거예요. 그림도 넣어서 멋지게 꾸며 볼까요.

 작품 완성

준비 파일 : 18_그림파일
완성 파일 : 18_완성.hwp

 문장 연습 · 다음 문장을 소리 내어 읽어본 후 입력해 보세요.

안녕하세요. 아빠 차가 잠시 주차 중이에요. 아빠가 오실 때 까지 잠깐 기다려 주세요.

차는 조금만 더 기다려 주시면 이동할 수 있을 거예요.

아빠가 주차 공간을 찾을 수 있도록 도와줄 거예요.

차가 나가면 바로 주차할 수 있어요. 기다려 주셔서 고마워요!

아빠가 안전하게 주차할 수 있도록 도와줄게요.

아빠가 주차를 마치면 다시 즐거운 시간을 보내요. 감사합니다!

※ 로봇의 팔을 모두 연결하고 남는 것은 어떤 것일까요?

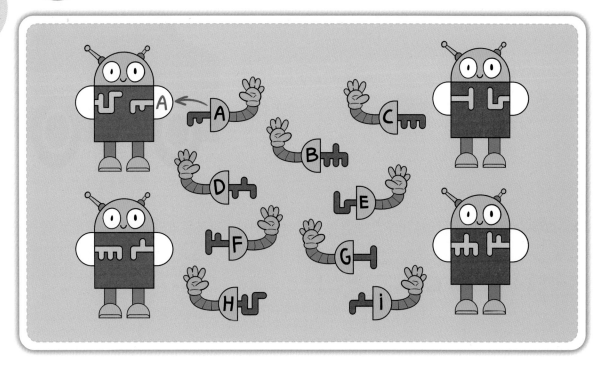

01 그림 넣기

1 [시작(■)]을 클릭해 [모든 앱]에서 한글을 실행한 후 [입력] 메뉴의 [그림]을 선택합니다. [그림 넣기] 창이 열리면 예제 폴더에서 '빨강 자동차'를 선택하고 [열기]를 클릭합니다.

TIP Ctrl + N + I 키를 누르면 [그림 넣기] 창을 열 수 있어요.

2 삽입된 '빨간 자동차'의 크기와 위치를 정합니다.

3 그림을 선택한 상태에서 마우스 오른쪽 버튼을 클릭한 후 [본문과의 배치]-[글 뒤로]를 선택합니다.

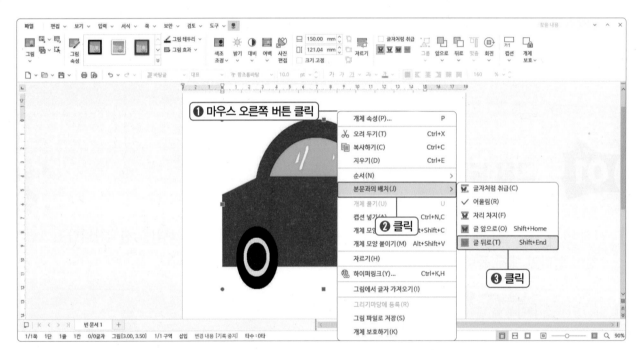

 알아두기

본문과의 배치

- **글자처럼 취급(✓)** : 이미지와 같은 개체가 글자로 인식돼요.

- **어울림(▣)** : 글자와 이미지와 같은 개체가 서로 어울리도록 배치가 돼요.

- **자리차지(▣)** : 이미지와 같은 개체가 자리를 차지하고 있기 때문에 그 영역에는 글자가 오지 못해요.

- **글 앞으로(▣)** : 글자 위에 이미지와 같은 개체가 위치해요.

- **글 뒤로(▣)** : 글자 아래에 이미지와 같은 개체가 와서 본문의 배경처럼 사용이 돼요.

02 글맵시 넣기

1 글자에 모양을 넣기 위해 먼저 [입력] 메뉴에서 [글맵시]를 선택한 후 원하는 모양을 선택합니다.

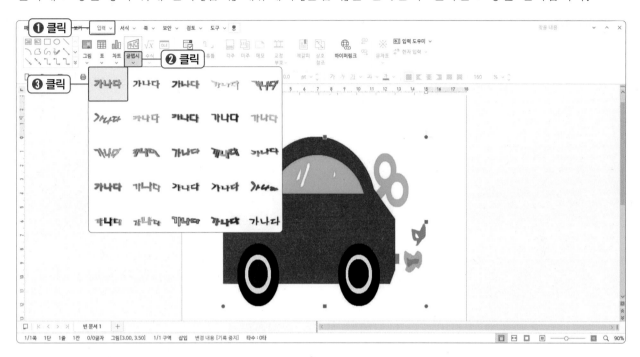

2 [글맵시 만들기] 창이 열리면 내용에 '잠시주차중'을 입력한 다음 [설정]을 클릭합니다.

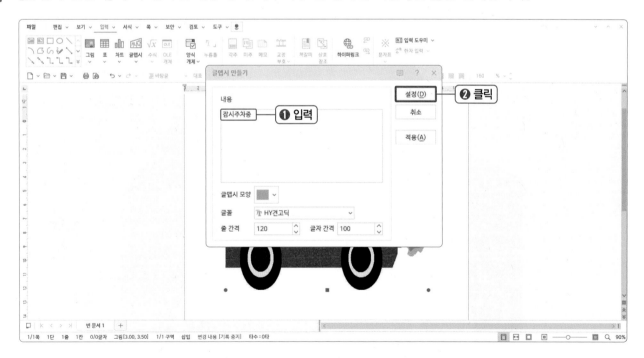

3 크기를 바꾼 다음 원하는 위치로 이동하고 [글맵시 윤곽선]과 [글맵시 채우기]를 클릭해 색을 변경합니다.

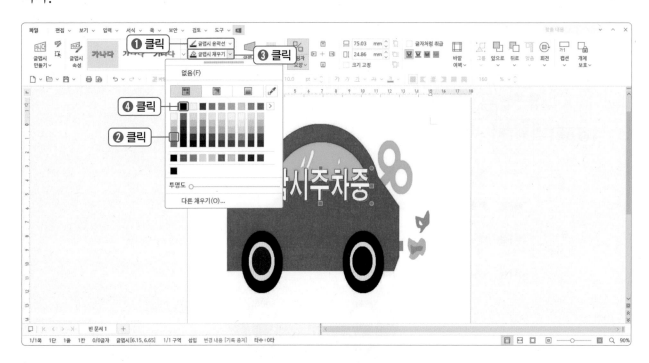

4 글맵시를 추가한 후 '전화번호'와 '메시지'도 만들어 완성합니다.

① 내가 좋아하는 그림을 삽입하고 글맵시를 이용하여 '공부중' 알림판을 만들어 보세요.

▶ 준비 파일 : 없음 ▶ 완성 파일 : 18_혼자해보기1(완성).hwp

힌트
[그리기 마당]–[클립아트 다운로드] '지지(독서)'

② 그리기 마당에서 제목 상자를 입력하고 내가 되고 싶은 미래의 직업을 적어보세요.

▶ 준비 파일 : 없음 ▶ 완성 파일 : 18_혼자해보기2(완성).hwp

힌트
[그리기 마당]–[그리기 조각]–[설명상자(제목상자)]
'제목상자 14', '제목상자1 (S)', '제목상자 03'

19 쿠폰 만들기

한글의 글맵시 기능을 사용해서 나만의 효도 쿠폰을 만들어 볼 거예요! 내가 할 수 있는 효도 내용을 생각해서 쿠폰에 예쁘게 적어 볼까요.

 작품 완성

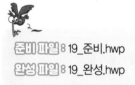
준비 파일 : 19_준비.hwp
완성 파일 : 19_완성.hwp

 문장 연습   다음 문장을 소리 내어 읽어본 후 입력해 보세요.

나는 효도 쿠폰을 만들었어요. 효도 쿠폰에는 내가 부모님께 해줄 일이 적혀 있어요.

첫 번째 쿠폰은 "부모님께 맛있는 밥을 해줄게요"예요.

두 번째 쿠폰은 "부모님을 위해 집안일을 도와줄게요"예요.

세 번째 쿠폰은 "부모님과 함께 산책을 갈게요"예요.

효도 쿠폰을 주면 부모님이 기뻐할 거예요. 나는 효도 쿠폰을 하나씩 줄 거예요.

부모님은 내가 만든 쿠폰을 받으면 행복할 거예요.

효도 쿠폰은 부모님께 사랑을 전하는 특별한 선물이에요.

IQ UP　　※ 그림을 모두 그리고 색칠해 보세요.

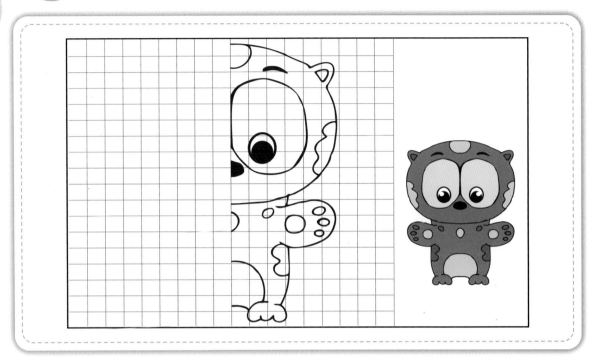

01 안마 쿠폰 만들기

1 [시작(▥)]을 클릭해 [모든 앱]에서 한글을 실행한 후 [파일] 메뉴에서 [불러오기]를 클릭해 '19_준비.hwp' 파일을 불러옵니다.

2 '진희의 효도 쿠폰'이라고 적힌 부분에 '내 이름'을 입력합니다.

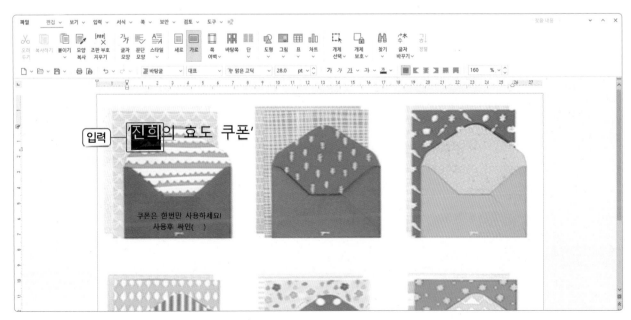

3 [입력] 메뉴의 [글맵시]를 선택한 후 원하는 모양을 선택합니다. [글맵시 만들기] 창이 열리면 [내용]에
'안마쿠폰'을 입력하고 [설정]을 클릭합니다.

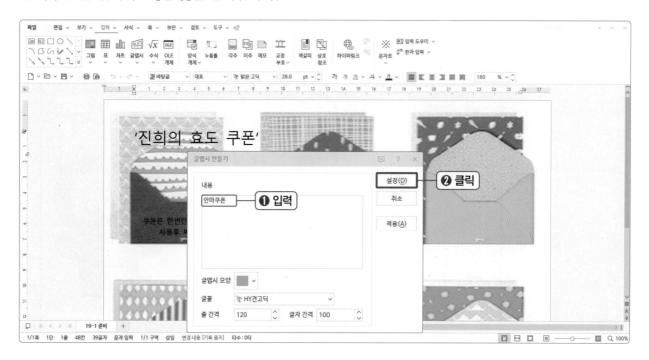

4 크기를 바꾼 다음 원하는 위치로 이동하고 [글맵시 윤곽선]과 [글맵시 채우기]를 클릭해 색을 변경합
니다.

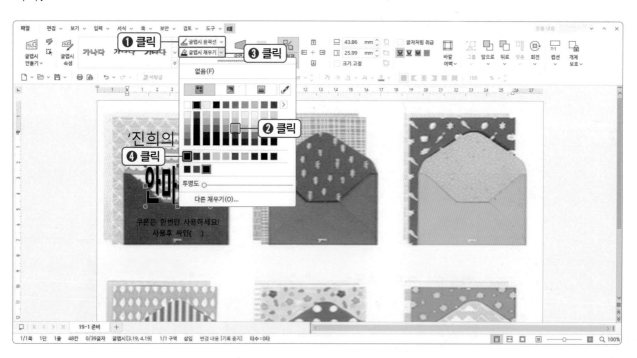

02 쿠폰 완성하기

1 완성한 '안마쿠폰' 글맵시를 선택한 다음 Ctrl + Shift 키를 누른 상태에서 오른쪽으로 드래그해 복사합니다. 같은 방법으로 쿠폰마다 글맵시를 복사합니다.

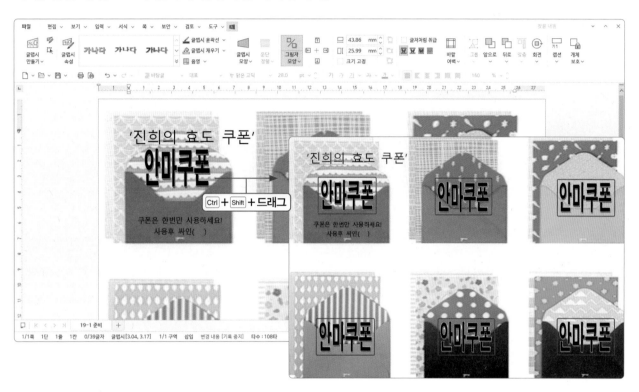

2 '안마쿠폰'을 다른 글자로 바꾸기 위해 글맵시를 더블클릭합니다. [개체 속성] 창이 열리면 [글맵시] 탭에서 [내용]을 바꾼 다음 [설정]을 클릭합니다.

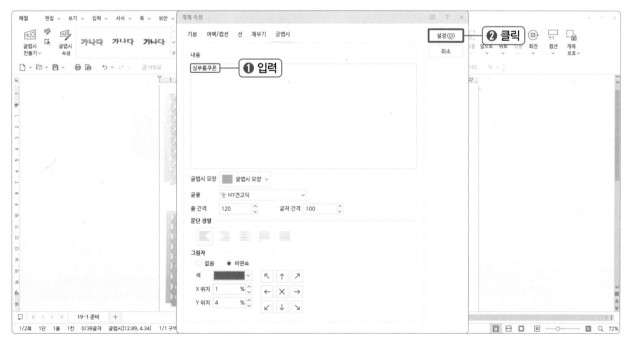

3 같은 방법으로 다른 글맵시의 글자를 바꿔줍니다.

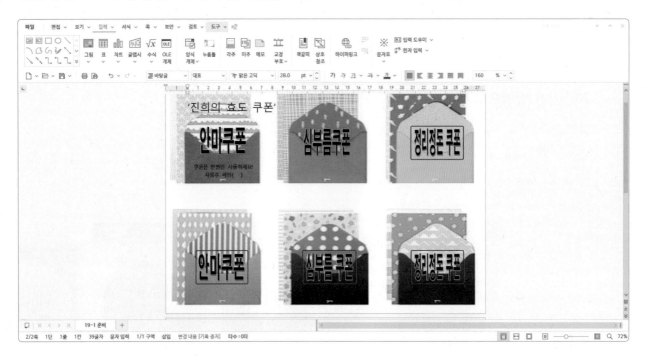

4 쿠폰에 있는 [글상자]를 선택한 다음 Ctrl + Shift 키를 누른 상태로 드래그해 복사한 후 글자 색을 바꿔 완성합니다.

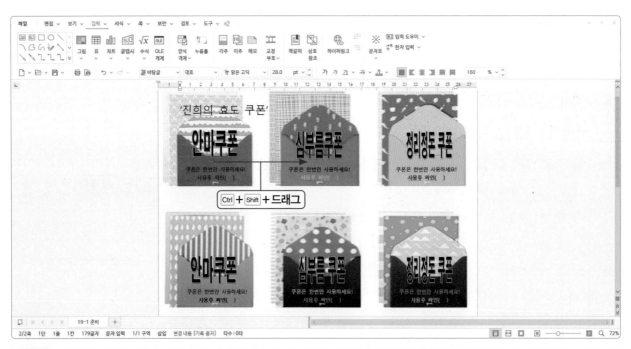

TIP [글상자]에서 글자 색을 바꿀 경우 [글상자]를 선택한 후 글자 색을 변경하면 전체 글자 색이 바뀌어요. 글자의 일부분만 바꾸고 싶다면 원하는 글자를 드래그해서 선택하도록 해요.

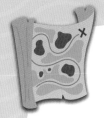

혼자해 보기

1 감사하는 분을 생각하며 감사장을 만들어 보세요.

▶ 준비 파일 : 19_혼자해보기1(준비).hwp ▶ 완성 파일 : 19_혼자해보기1(완성).hwp

감 사 장

선생님 덕분에 매일 학교에 오는 것이 즐겁고,
새로운 것을 배울 수 있어 행복합니다.
선생님처럼 멋진 어른이 되고 싶어요!
항상 건강하시고, 행복하세요.
선생님을 정말 사랑합니다.

2024년 7월 7일
우주초등학교 김 사 랑 드림

2 부모님께 감사하는 마음을 담아 감사장을 만들어 보세요.

▶ 준비 파일 : 19_혼자해보기2(준비).hwp ▶ 완성 파일 : 19_혼자해보기2(완성).hwp

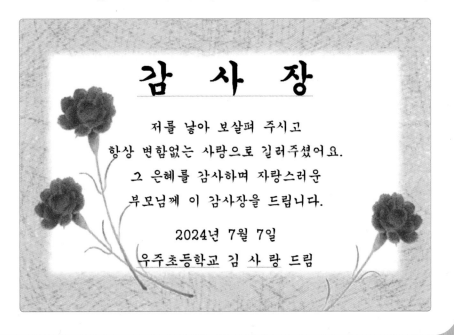

감 사 장

저를 낳아 보살펴 주시고
항상 변함없는 사랑으로 길러주셨어요.
그 은혜를 감사하며 자랑스러운
부모님께 이 감사장을 드립니다.

2024년 7월 7일
우주초등학교 김 사 랑 드림

20 수첩 만들기

한글의 표와 그리기 마당을 사용해서 나만의 멋진 수첩을 만들어 볼 거예요!
예쁜 그림도 넣어서 알록달록 꾸며 볼까요.

 작품 완성

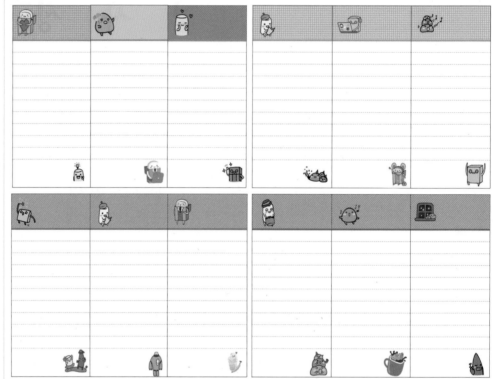

준비 파일: 20_준비.hwp
완성 파일: 20_완성.hwp

  다음 문장을 소리 내어 읽어본 후 입력해 보세요.

나는 예쁜 수첩을 가지고 있어요. 수첩에는 내가 할 일과 중요한 것을 적어요.

수첩을 보면 내가 해야 할 일이 무엇인지 알 수 있어요.

매일 수첩에 새로운 일을 적고 하나씩 해요. 수첩은 내 친구 같아요.

나는 수첩에 적은 것을 다 하면 기분이 좋아요. 나는 수첩을 잘 쓰면 더 똑똑해질 거예요.

수첩은 나의 계획을 도와주는 중요한 도구예요. 나는 앞으로도 수첩을 잘 쓸 거예요.

※ 알맞은 그림자를 찾아 선으로 연결해 보세요.

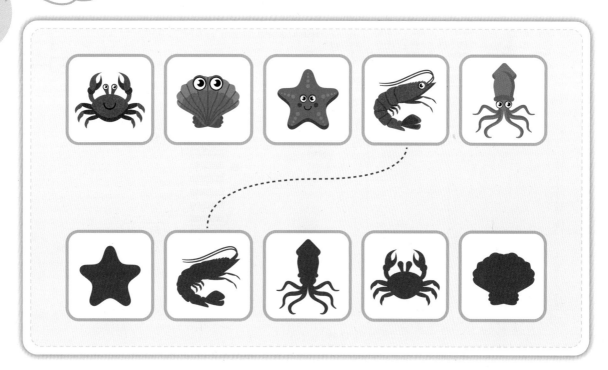

01 표 꾸미기

1 [시작(■)]을 클릭해 [모든 앱]에서 한글을 실행한 후 [파일] 메뉴에서 [불러오기]를 클릭해 '20_준비. hwp' 파일을 불러옵니다.

2 첫 번째 표의 첫 번째 칸을 선택한 후 [표 채우기]–[다른 채우기]를 선택합니다.

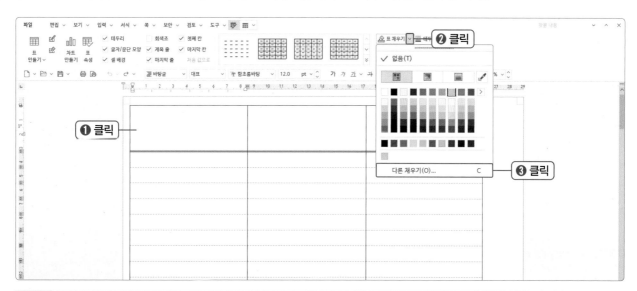

TIP F5 키를 눌러 표의 칸을 셀 블록으로 설정한 후 C 키를 누르면 [셀 테두리/배경] 창을 열 수 있어요.

3 [셀 테두리/배경] 창이 열리면 [배경] 탭에서 [색]을 선택합니다. [면 색]과 [무늬 색]을 클릭해 원하는 색으로 하고 [무늬 모양]을 클릭해 원하는 모양을 선택합니다.

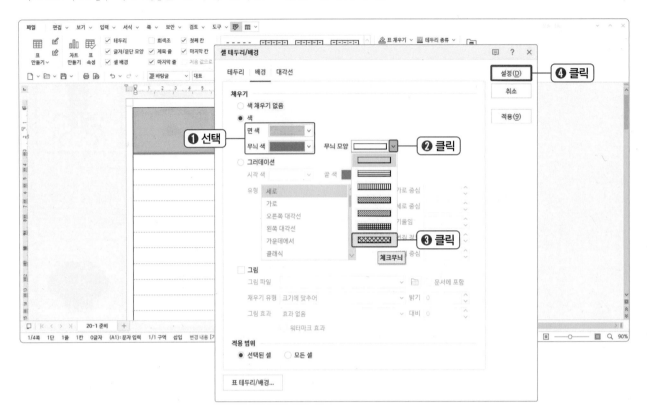

4 같은 방법으로 나머지 표의 첫째 줄에 [면 색], [무늬 색], [무늬 모양]을 원하는 색과 모양으로 선택합니다.

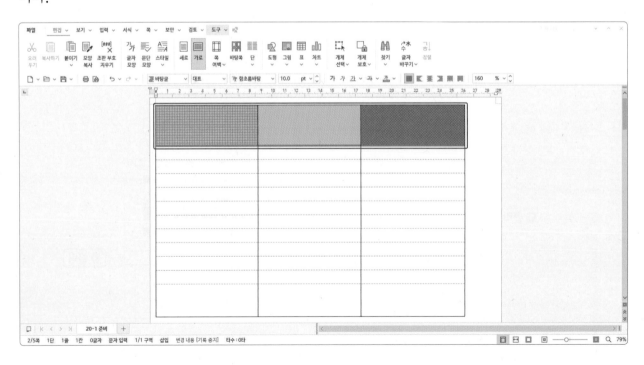

5 [입력] 메뉴에서 ☑를 클릭한 후 [그림]-[그리기 마당]을 선택합니다. [그리기마당] 창이 열리면 [클립 아트 다운로드]를 클릭합니다. [한컴 애셋] 창이 열리면 [클립아트] 탭을 선택한 다음 원하는 이미지를 검색한 후 그림을 내려받습니다.

TIP ▶ 예제에서는 '아모개', '마망', '야야', '모아', '육비', '지지'로 검색했어요.

6 이미지를 넣은 후 [그림 도구 상자]-[글 앞으로(▤)]를 선택하고 그림의 크기와 위치를 변경합니다.

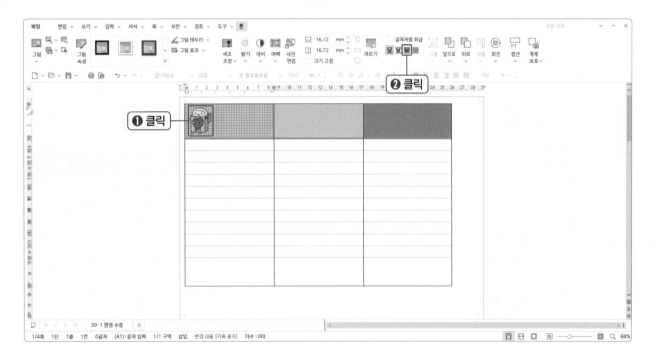

7 같은 방법으로 다른 표에도 다양한 캐릭터를 추가해 꾸며줍니다.

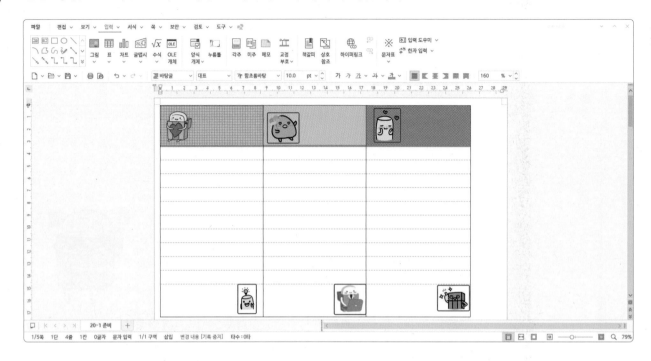

8 다른 페이지에 있는 표에도 면 색과 무늬 색 등을 지정하고 캐릭터를 추가해 꾸며줍니다.

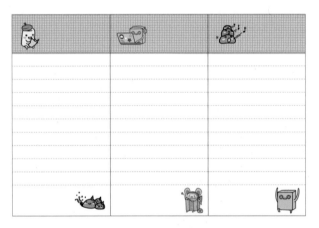

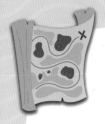

❶ [그리기마당]을 사용해서 수첩의 표지를 만들어 보세요.

▶ 준비 파일 : 20_혼자해보기(준비).hwp   ▶ 완성 파일 : 20_혼자해보기(완성).hwp

21 동물 소개 카드 만들기

한글의 글맵시, 그리기 마당, 문자표를 사용해서 내가 좋아하는 동물을 소개하는 멋진 문서를 만들어 볼 거예요! 재미있게 꾸며 볼까요.

 작품 완성

내가 좋아하는 동물을 소개합니다

① 귀염둥이 곰

② 바다 멋쟁이 돌고래

③ 달리기 선수 토끼

④ 엉금 엉금 거북이

준비 파일 : 없음
완성 파일 : 21_완성.hwp

 **문장 연습**  **다음 문장을 소리 내어 읽어본 후 입력해 보세요.**

내가 좋아하는 동물은 고양이에요. 고양이는 부드러운 털을 가지고 있어요.

고양이는 귀엽고 장난을 잘 쳐요. 나는 고양이가 뛰어다니는 모습을 좋아해요.

고양이는 밤에 잘 보고 조용하게 움직여요.

고양이가 나를 보고 기분 좋게 우는 소리가 좋아요.

나는 고양이와 함께 놀 때 가장 행복해요. 고양이는 나의 좋은 친구예요.

나는 나중에 고양이를 키우고 싶어요. 고양이와 함께 살면 정말 재미있을 거예요!

IQ UP ※ 두 개의 그림에서 서로 다른 부분을 찾아 ○표 해보세요.

01 글맵시 넣기

1 [시작(▦)]을 클릭해 [모든 앱]에서 한글을 실행한 후 [입력] 메뉴의 [글맵시]를 클릭해 '채우기 – 하늘색 그라데이션, 갈매기형 수장 모양'을 선택합니다.

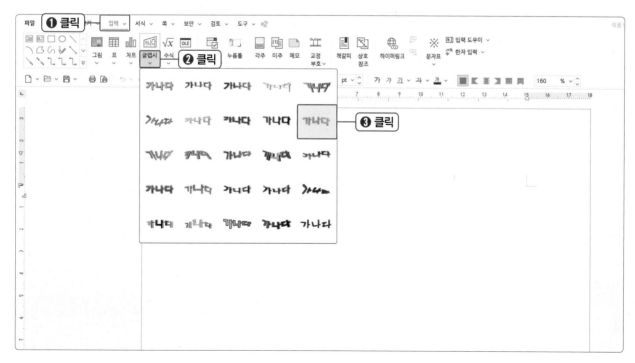

2 [글맵시 만들기] 창이 열리면 [내용]에 '내가 좋아하는 동물을 소개합니다'를 입력하고 [설정]을 클릭합니다.

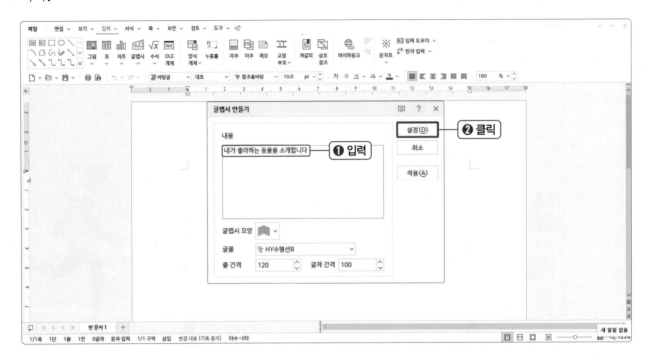

3 만들어진 글맵시를 더블클릭하여 [개체 속성] 창이 열리면 [기본] 탭에서 [너비]에 '120', [높이]에 '40'을 입력한 후 '글자처럼 취급'에 체크표시를 하고 [설정]을 클릭합니다.

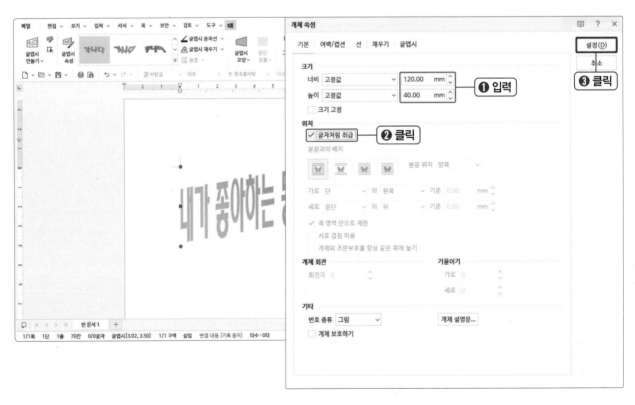

4 글맵시 뒤에 커서를 놓은 후 [서식 도구 상자]-[가운데 정렬(▤)]를 클릭합니다.

5 Enter 키를 눌러 줄 바꿈을 하고 [입력] 메뉴에서 [문자표]를 클릭합니다. [문자표] 창이 열리면 [한글 (HNC) 문자표]-[전각기호(원)]에서 '①'을 선택한 후 [넣기]를 클릭합니다.

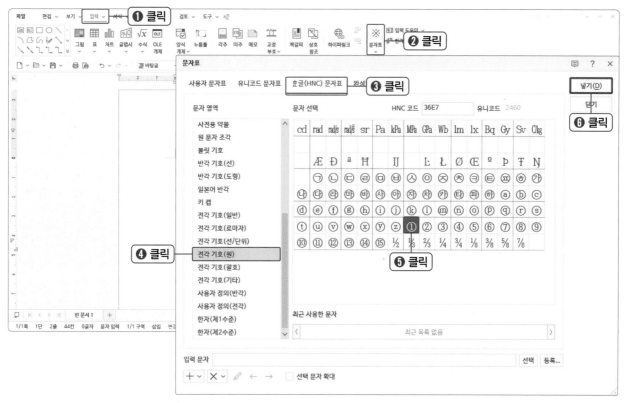

TIP Enter 키를 누르면 앞줄의 [글자 정렬] 등의 속성이 그대로 반영이 돼요. 바꾸고 싶으면 [서식 도구 상자]에서 바꾸면 돼요.

6 원문자 '①'이 추가되면 뒤에 '귀염둥이 곰'을 입력한 후 드래그해 블록으로 만듭니다. [글꼴 모양]을 클릭해 '함초롱바탕'을 선택하고 '글자 크기'를 클릭해 '23'을 선택합니다.

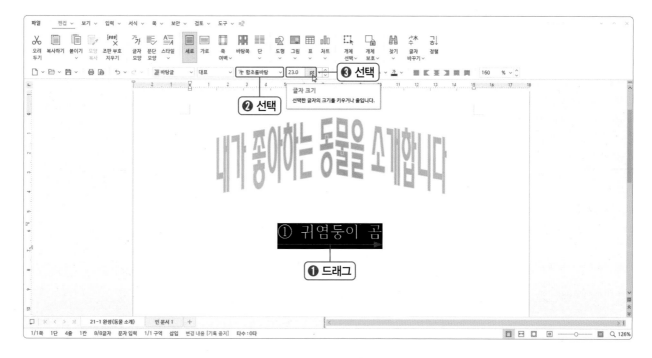

7 입력한 글자의 정렬 방법을 바꾸기 위해 [양쪽 정렬(≣)]을 클릭합니다.

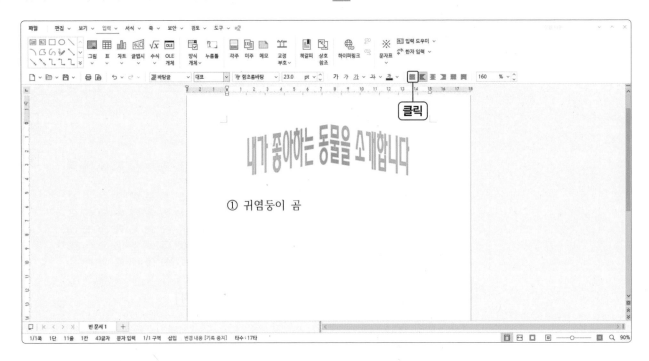

8 같은 방법으로 [문자표]에서 ②, ③, ④ 등을 추가한 다음 내용을 입력하여 완성합니다.

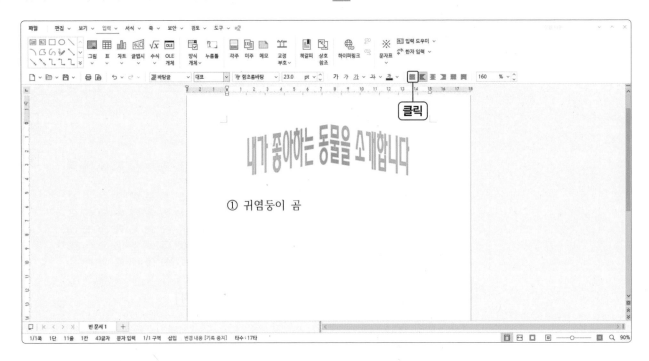

02 클립아트 넣기

1 '① 귀염둥이 곰' 뒤에 커서를 두고 [입력] 메뉴에서 ⌄를 클릭한 후 [그림]–[그리기 마당]을 선택합니다. [그리기마당] 창이 열리면 [클립아트 다운로드]를 클릭합니다.

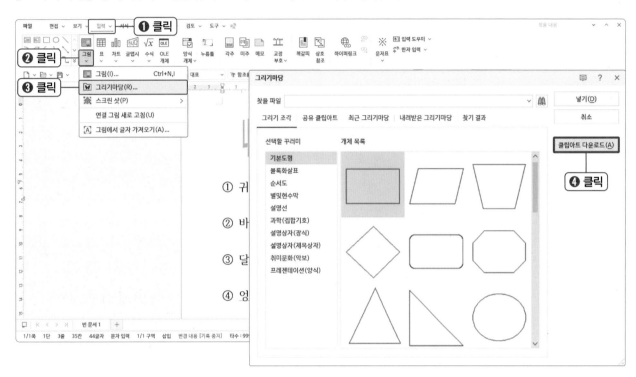

2 [한컴 애셋] 창이 열리면 검색 창에 '곰'으로 검색합니다. 원하는 그림을 선택한 후 [내려받기(⬇)]를 클릭합니다.

3 다운로드가 완료되면 [그리기마당] 창에서 내려 받은 그림을 선택한 후 [넣기]를 클릭합니다. 화면의 빈 곳을 클릭하여 이미지를 넣은 후 크기와 위치를 정합니다.

4 같은 방법으로 '돌고래', '토끼', '거북이' 그림을 검색한 후 원하는 그림을 추가해 완성합니다.

① 귀염둥이 곰

② 바다 멋쟁이 돌고래

③ 달리기 선수 토끼

④ 엉금 엉금 거북이

혼자해 보기

① [글맵시]와 [그리기마당]을 사용해서 '내가 좋아하는 곤충' 문서를 완성해 보세요.

> ▶ 준비 파일 : 없음
> ▶ 완성 파일 : 21_혼자해보기1(완성).hwp

♣ 나비

♣ 꿀벌

♣ 메뚜기

♣ 잠자리

♣ 무당벌레

② [글맵시]와 [그리기마당]을 사용해서 '간식 BEST 5' 문서를 완성해 보세요.

> ▶ 준비 파일 : 없음
> ▶ 완성 파일 : 21_혼자해보기2(완성).hwp

간식 BEST 5

★ 1위 아이스크림

★ 2위 떡볶이

★ 3위 피자

★ 4위 샌드위치

★ 5위 도넛

22 버킷리스트 만들기

한글의 문서마당에 있는 버킷 리스트 서식을 사용해서 나만의 리스트를 만들어 볼 거예요! 예쁜 그림과 꾸밈으로 멋지게 완성해 볼까요.

작품 완성

준비 파일: 없음
완성 파일: 22_완성.hwp

bucket list

1. 가족들과 여행하기 ☑
2. 미술관 가기 ☐
3. 산책하기 ☐
4. 맛있는 음식 먹기 ☐
5. 키즈 카페 가기 ☐
6. 수영장 가기 ☐
7. 만화 영화 보기 ☑
8. 친구들과 생일파티 ☐
9. 파자마 파티 ☐
10. 할머니댁 가기 ☑

bucket list

1. 놀이공원 놀이기구 타기 ☐
2. 자전거 타기 ☐
3. 강아지와 산책 ☐
4. 아이스크림 먹기 ☑
5. 햄버거 만들기 ☐
6. 슬라임 카페 ☐
7. 딱지 놀이 ☐
8. 친구 우리집에 초대하기 ☐
9. 생일 카드 만들기 ☑
10. 인형 모으기 ☐

문장 연습 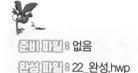 다음 문장을 소리 내어 읽어본 후 입력해 보세요.

나의 버킷리스트는 내가 꼭 하고 싶은 일들이에요.

첫 번째로, 나는 동물원에 가서 다양한 동물을 보고 싶어요.

두 번째로, 바다에서 수영을 하고 싶어요.

세 번째로, 친구들과 함께 캠핑을 가고 싶어요.

네 번째로, 나는 부모님과 함께 여행을 가고 싶어요.

마지막으로, 내가 좋아하는 책을 다 읽는 것이 목표예요.

버킷리스트는 내가 꿈꾸는 일이에요. 나는 언젠가 이 모든 일을 꼭 할 거예요!

IQ UP ※ 짝이 없는 양말을 찾아 ○표 해보세요.

01 문서 마당 열기

1 [시작(▦)]을 클릭해 [모든 앱]에서 한글을 실행한 후 [파일] 메뉴에서 [문서마당]을 클릭합니다. [문서마당] 창이 열리면 [문서마당 꾸러미]-[기본문서]-[버킷리스트]를 선택하고 [열기]를 클릭합니다.

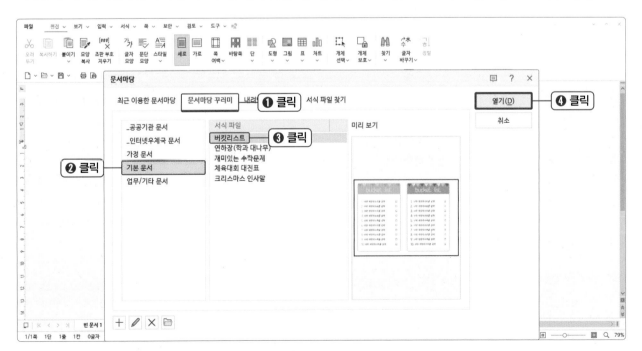

2 '나의 버킷 리스트를 입력'을 클릭해 나만의 버킷 리스트를 채웁니다.

bucket list		bucket list	
1. 가족들과 여행하기	☐	1. 놀이공원 놀이기구 타기	☐
2. 미술관 가기	☐	2. 자전거 타기	☐
3. 산책하기	☐	3. 강아지와 산책	☐
4. 맛있는 음식 먹기	☐	4. 아이스크림 먹기	☐
5. 키즈 카페 가기	☐	5. 햄버거 만들기	☐
6. 수영장 가기	☐	6. 슬라임 카페	☐
7. 만화 영화 보기	☐	7. 딱지 놀이	☐
8. 친구들과 생일파티	☐	8. 친구 우리집에 초대하기	☐
9. 파자마 파티	☐	9. 생일 카드 만들기	☐
10. 할머니댁 가기	☐	10. 인형 모으기	☐

3 목록 중에서 이미 실천한 것은 '☐'를 클릭해 체크 표시를 합니다.

bucket list		bucket list	
1. 가족들과 여행하기	☑ —클릭	1. 놀이공원 놀이기구 타기	☐
2. 미술관 가기	☐	2. 자전거 타기	☐
3. 산책하기	☐	3. 강아지와 산책	☐
4. 맛있는 음식 먹기	☐	4. 아이스크림 먹기	☐
5. 키즈 카페 가기	☐	5. 햄버거 만들기	☐
6. 수영장 가기	☐	6. 슬라임 카페	☐
7. 만화 영화 보기	☐	7. 딱지 놀이	☐
8. 친구들과 생일파티	☐	8. 친구 우리집에 초대하기	☐
9. 파자마 파티	☐	9. 생일 카드 만들기	☐
10. 할머니댁 가기	☐	10. 인형 모으기	☐

02 그리기 마당으로 꾸미기

1 [입력] 메뉴에서 ⌄를 클릭한 후 [그림]–[그리기마당]을 선택합니다. [그리기마당] 창이 열리면 [클립 아트 다운로드]를 클릭합니다. 버킷 리스트의 목록에 어울리는 그림을 검색해 추가합니다.

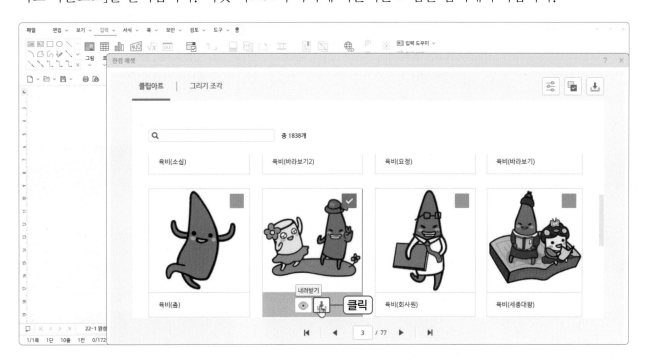

2 삽입된 그림을 선택한 다음 [그림 도구 상자]에서 [글 앞으로(▓)]를 선택합니다.

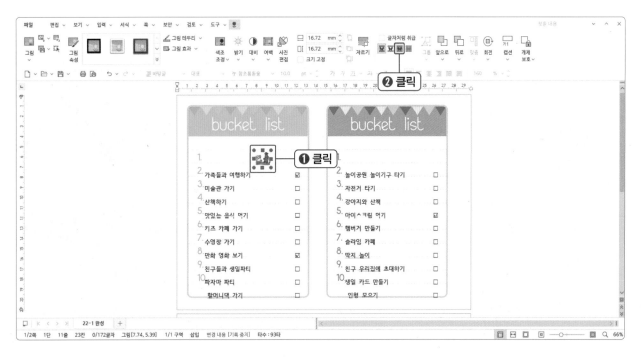

3 그림의 크기와 위치를 바꿔줍니다.

4 같은 방법으로 목록에 어울리는 그림을 추가해 꾸며줍니다.

혼자해 보기

① **[문서마당]을 사용해서 '오늘의 일정표'를 만들어 보세요.**

  ▶ 준비 파일 : 없음
  ▶ 완성 파일 : 22_혼자해보기1(완성).hwp

  힌트
  [문서마당]–[문서마당 꾸러미]–[가정 문서]–[가족 일정표]

② **[문서마당]을 사용해서 '생활 메모장'을 만들어 보세요.**

  ▶ 준비 파일 : 없음 ▶ 완성 파일 : 22_혼자해보기2(완성).hwp

  힌트
  [문서마당]–[문서마당 꾸러미]–[가정 문서]–[생활 메모장]

23 우리 집 식단표 만들기

한글의 문서마당에 있는 식단표 서식을 사용해서 우리 집 식단표를 만들어 볼 거예요!
예쁜 그림과 꾸밈으로 멋지게 완성해 볼까요.

✵ 작품 완성

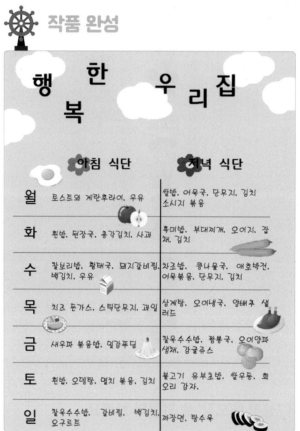

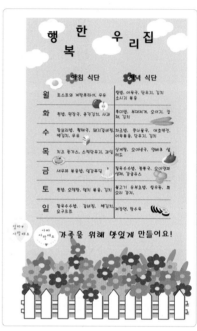

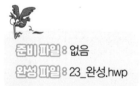

준비 파일: 없음
완성 파일: 23_완성.hwp

문장 연습 　다음 문장을 소리 내어 읽어본 후 입력해 보세요.

우리 집 식단표는 매일 다르게 있어요. 월요일에는 밥과 김치찌개를 먹어요.

화요일에는 떡국과 반찬이 있어요. 수요일에는 국수와 계란찜을 먹어요.

목요일에는 돼지고기와 채소를 볶아서 먹어요. 금요일에는 생선과 밥을 먹어요.

주말에는 가족이 함께 좋아하는 음식을 먹어요. 나는 엄마가 만든 음식을 좋아해요.

우리 집 식단표는 맛있고 건강한 음식들로 가득해요.

매일 맛있는 음식을 먹고 건강하게 자라요.

※ 물음표에 알맞은 그림을 찾아보세요.

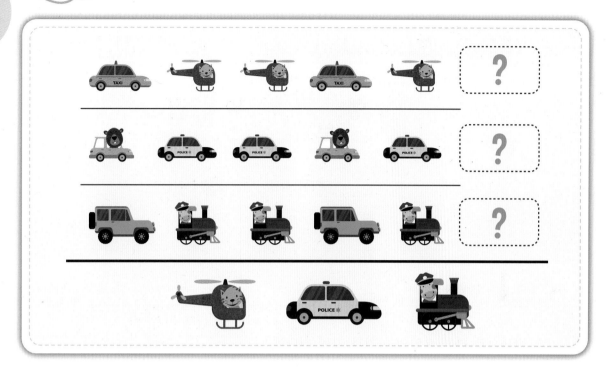

01 문서 마당 열기

1 [시작(■)]을 클릭해 [모든 앱]에서 한글을 실행한 후 [파일] 메뉴에서 [문서마당]을 클릭합니다. [문서마당] 창이 열리면 [문서마당 꾸러미]−[가정 문서]−[주간 식단표2]를 선택하고 [열기]를 클릭합니다.

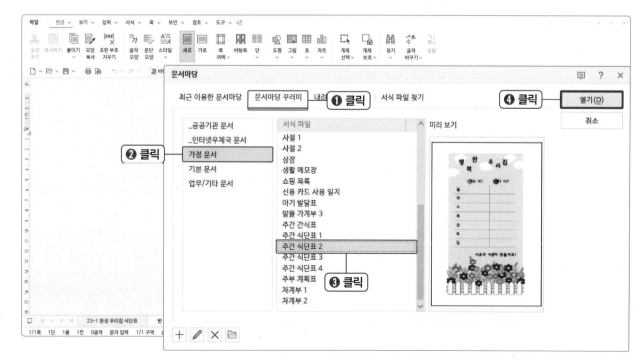

2 '월요일 아침 식단'을 입력할 수 있는 빈칸을 클릭한 다음 메뉴를 입력합니다.

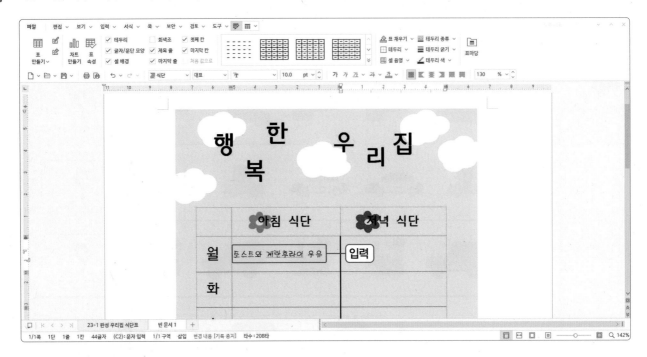

3 같은 방법으로 다른 요일의 아침과 저녁 식단에 메뉴를 입력한 후 메뉴 아랫부분에도 재미있는 말을 넣어 완성합니다.

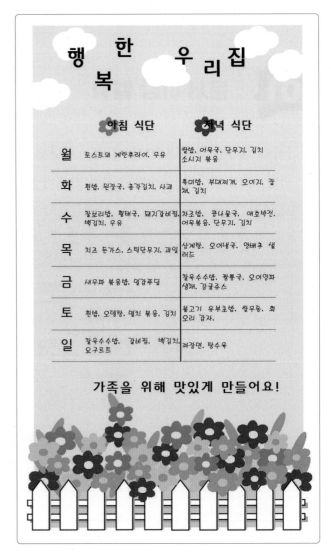

02 그리기 마당으로 꾸미기

1 [입력] 메뉴에서 ⌄를 클릭한 후 [그림]–[그리기마당]을 선택합니다. [그리기마당] 창이 열리면 [클립
아트 다운로드]를 클릭한 후 '식단 음식'에 어울리는 그림을 검색해 추가합니다.

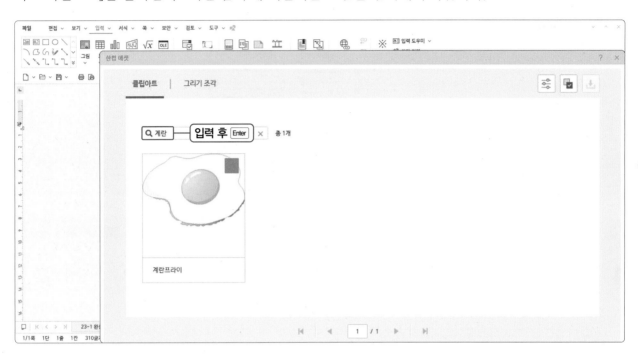

2 삽입한 그림에 [글 앞으로(■)]를 선택한 후 그림의 크기와 위치를 바꿔줍니다.

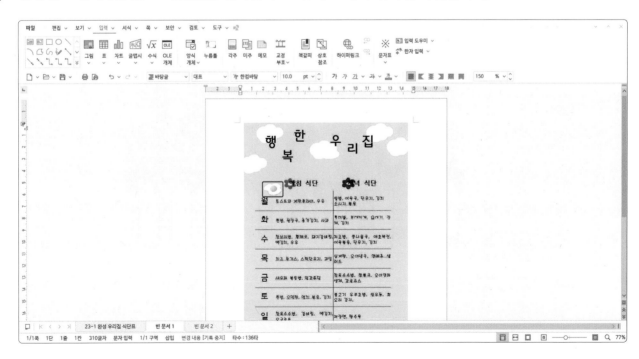

3 같은 방법으로 식단과 어울리는 그림을 추가해 꾸며줍니다.

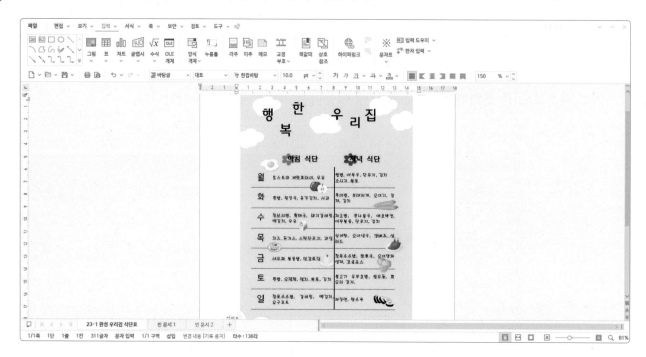

4 식단표 아랫부분에도 이미지를 추가해 꾸며줍니다. [파일] 메뉴에서 [다른 이름으로 저장하기]를 클릭해 저장합니다.

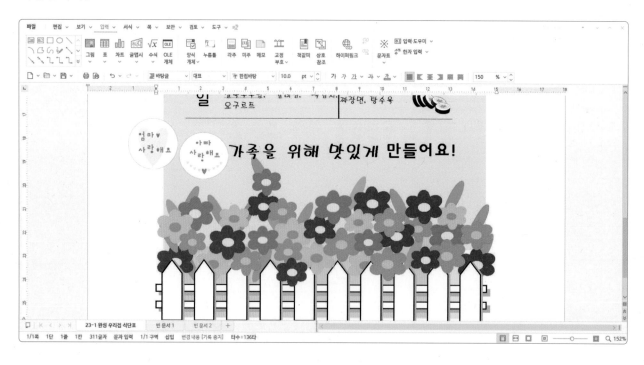

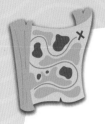

① **[문서마당]을 사용해서 '주간 간식표'를 만들어 보세요.**

▶ 준비 파일 : 없음 ▶ 완성 파일 : 23_혼자해보기1(완성).hwp

힌트
[문서마당 꾸러미]-[가정 문서]-
[주간 간식표]

② **[문서마당]을 사용해서 '메뉴판'을 만들어 보세요.**

▶ 준비 파일 : 없음
▶ 완성 파일 : 23_혼자해보기2(완성).hwp

힌트
[문서마당 꾸러미]-[업무/기타 문서]-[메뉴판(일식)]

24 나에게 주는 상장 만들기

한글의 그림 마당과 그리기 마당을 사용해서 나만의 특별한 상장을 만들어 볼 거예요!
상장을 예쁘게 꾸며 볼까요!

 작품 완성

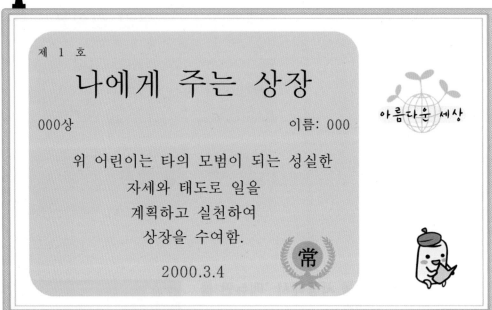

준비 파일: 24_그림파일
완성 파일: 24_완성.hwp

 문장 연습   다음 문장을 소리 내어 읽어본 후 입력해 보세요.

오늘 나는 나에게 상장을 주었어요.

상장에는 내가 열심히 공부한 모습이 적혀 있어요.

나는 항상 열심히 공부하고 친구들에게 친절하게 대해요.

상장은 나에게 큰 용기를 주었어요.

상장을 받으니 기분이 정말 좋아요. 나도 더 열심히 노력할 거예요.

상장을 보면 내가 한 일들이 떠올라요.

상장은 내가 잘한 일을 칭찬해주는 멋진 선물이에요.

앞으로도 계속해서 상장을 받을 수 있도록 열심히 할 거예요!

 01 편집 용지 설정하기

1 [시작(▦)]을 클릭해 [모든 앱]에서 한글을 실행한 후 [쪽] 메뉴에서 [편집 용지]를 클릭합니다.

2 [편집 용지] 창이 열리면 [용지 방향]에 '가로'를 선택합니다. [용지 여백]에서 [위], [아래]에 '20'을 입력하고 [왼쪽], [오른쪽]에는 '10', [머리말], [꼬리말]에는 '0'을 입력하고 [설정]을 클릭합니다.

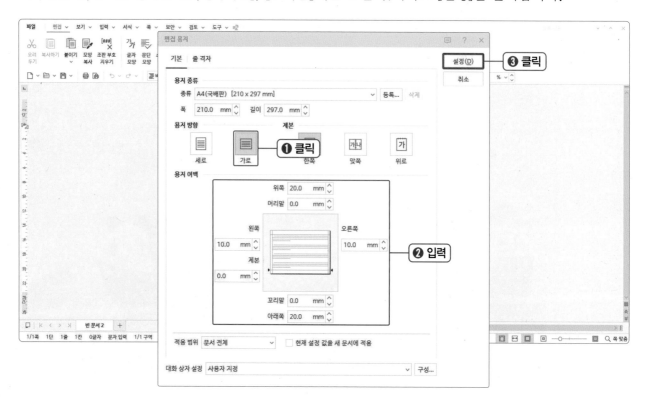

3 이미지를 추가하기 위해 [입력] 메뉴에서 [그림]을 클릭한 후 [그림 넣기] 창이 열리면 '상장이미지'를 선택하고 [열기]를 클릭합니다.

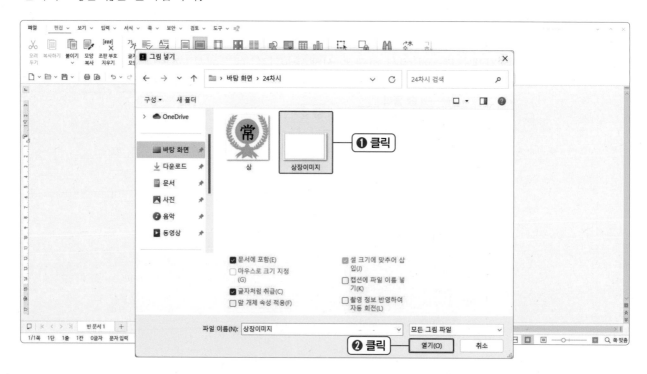

4 삽입한 그림에 [글 뒤로(▤)]를 선택한 후 그림의 크기와 위치를 바꿔줍니다.

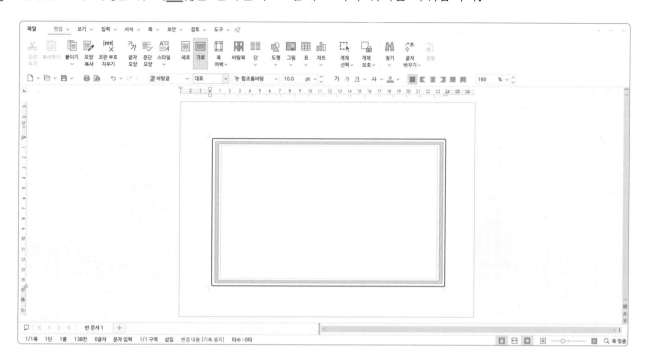

5 이미지를 추가하기 위해 [입력] 메뉴에서 [그림]을 클릭한 후 [그림 넣기] 창이 열리면 '상'를 선택하고 [열기]를 클릭합니다. [글 뒤로(▤)]를 선택한 후 그림의 크기와 위치를 바꿔줍니다.

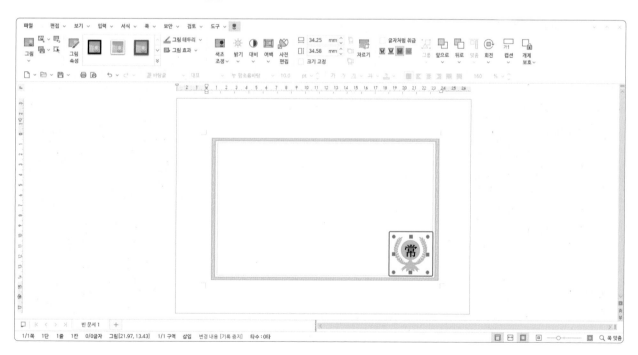

02 상장 내용 만들기

1 [입력] 메뉴에서 [도형]–[가로 글상자]를 선택한 후 드래그해 [글상자]를 삽입하고 [도형 채우기]에 '연한 노랑(RGB: 250, 243, 219) 10% 어둡게'를 선택합니다.

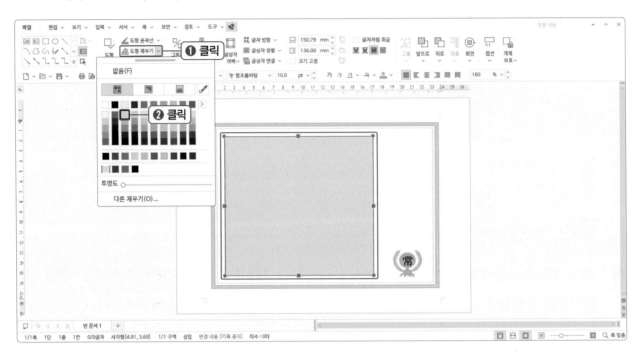

2 모양을 바꾸기 위해 [도형 속성]–[도형 속성]을 선택합니다.

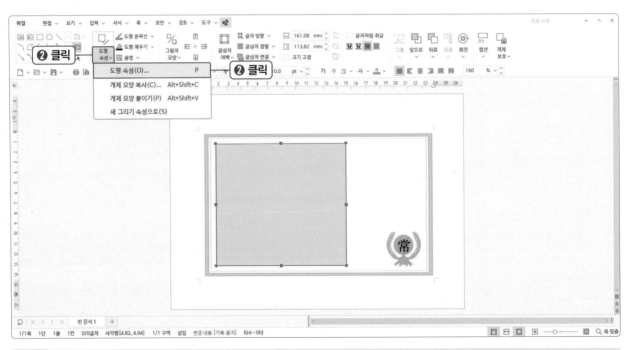

TIP 글상자를 선택한 상태에서 P 키를 눌러도 속성 창을 열 수 있어요.

3 [개체 속성] 창이 열리면 [선] 탭을 선택합니다. [선]–[색]에서 [도형 채우기]와 같은 색을 선택한 후 [사각형 모서리 곡률]–[둥근 모양]을 선택하고 [설정]을 클릭합니다.

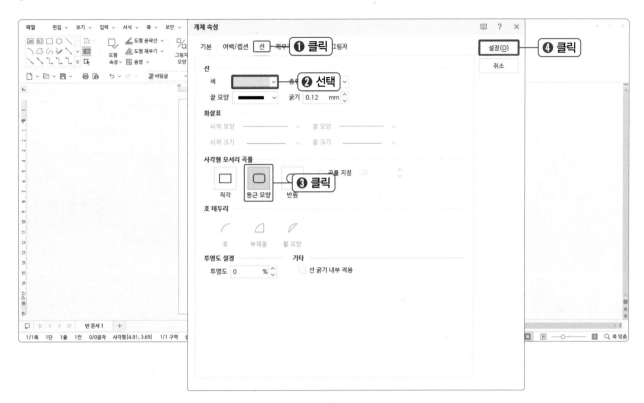

4 [글상자] 안에 내용을 입력한 다음 [글꼴]과 [글꼴 크기], [글꼴 색] 등을 바꿔 꾸며줍니다.

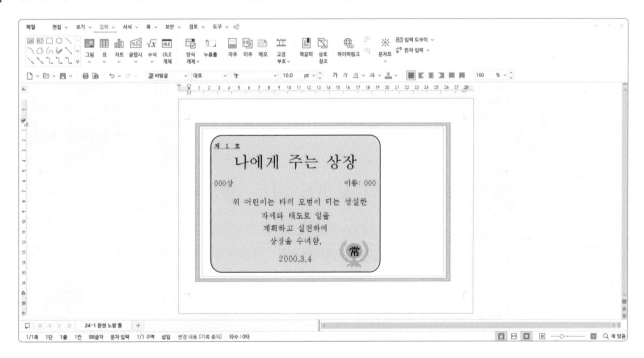

5 [입력] 메뉴에서 ∨를 클릭한 후 [그림]-[그리기마당]을 선택합니다. [그리기마당] 창이 열리면 [클립 아트 다운로드]를 클릭한 후 상장에 어울리는 이미지를 검색하고 원하는 이미지를 넣습니다.

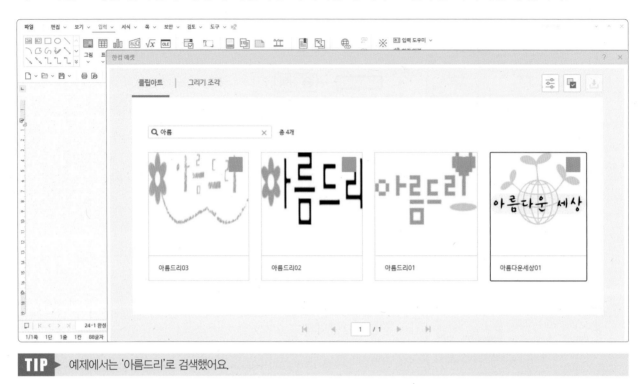

TIP 예제에서는 '아름드리'로 검색했어요.

6 그림의 크기와 위치를 바꿔 준 후 어울리는 그림을 더 추가하고 완성합니다.

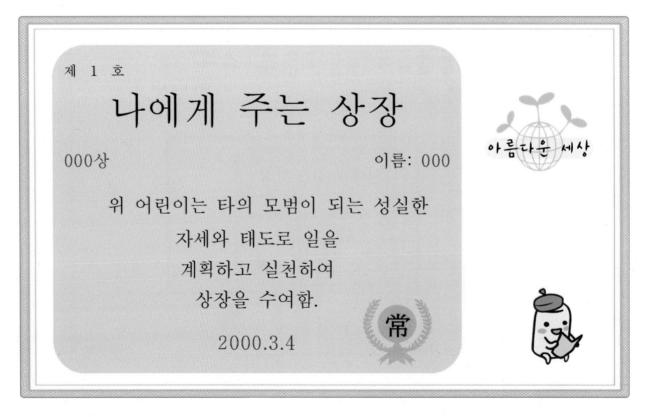

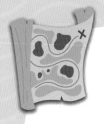

혼자해 보기

① [문서마당]을 사용해서 표창장을 만들어 보세요.

▶ 준비 파일 : 24_혼자해보기1(준비).hwp
▶ 완성 파일 : 24_혼자해보기1(완성).hwp

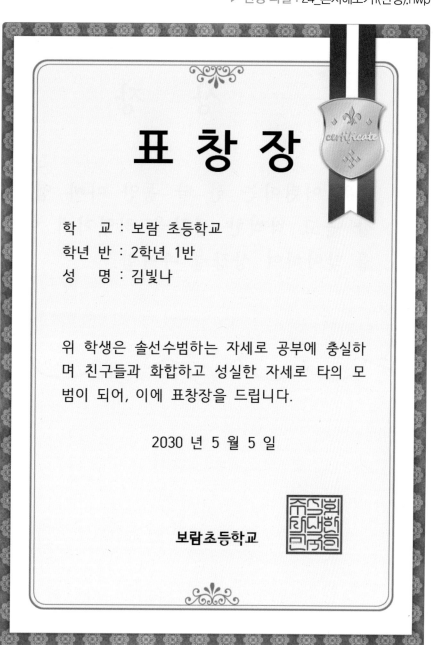

표 창 장

학   교 : 보람 초등학교
학년 반 : 2학년 1반
성   명 : 김빛나

위 학생은 솔선수범하는 자세로 공부에 충실하
며 친구들과 화합하고 성실한 자세로 타의 모
범이 되어, 이에 표창장을 드립니다.

2030 년 5 월 5 일

보람초등학교

힌트
[문서마당]-[업무/기타 문서]-[표창장]

혼자해보기

❷ [문서마당]을 사용해서 상장을 만들어 보세요.

▶ 준비 파일 : 24_혼자해보기2(준비).hwp   ▶ 완성 파일 : 24_혼자해보기2(완성).hwp

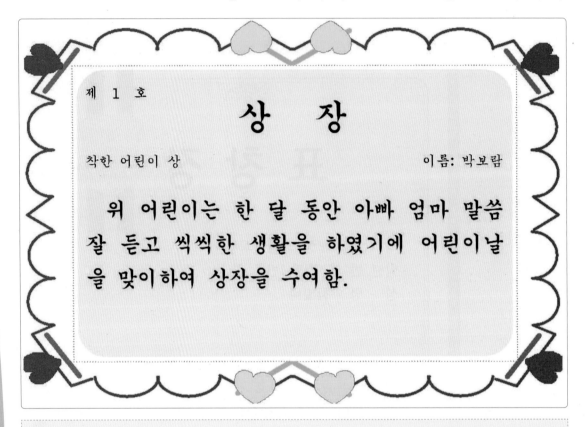

제 1 호

상 장

착한 어린이 상   이름: 박보람

위 어린이는 한 달 동안 아빠 엄마 말씀
잘 듣고 씩씩한 생활을 하였기에 어린이날
을 맞이하여 상장을 수여함.

힌트
[문서마당]-[가정 문서]-[상장]

CERTIFICATE

THIS CERTIFICATE IS PRESENTED TO

위 학생은 컴퓨터 초급교육 과정을

성실히 이행하였으므로 이 증서를 수여합니다.

20   년   월

DATE

SIGNATURE